DE TRANSITU MARIAE

APOCRYPHA AETHIOPICE

CORPUS

SCRIPTORUM CHRISTIANORUM ORIENTALIUM

EDITUM CONSILIO

UNIVERSITATIS CATHOLICAE AMERICAE

ET UNIVERSITATIS CATHOLICAE LOVANIENSIS

Vol. 343

SCRIPTORES AETHIOPICI

TOMUS 67

DE TRANSITU MARIAE APOCRYPHA AETHIOPICE

1

INTERPRETATUS EST

VICTOR ARRAS

LOUVAIN

SECRÉTARIAT DU CORPUSSCO

WAVERSEBAAN, 49

1973

Imprimerie Orientaliste, s.p.r.l., Louvain (Belgique)

D/1973/0602/13

eumdem codicem *Aeth. 268*, dicit, p. 470-471 : «f. 91ʳ-101ᵛ, Homélie acé-
phale et mutilée de la fin. Note dans la marge supérieure [...]. Au 18,
venue de notre Seigneur près de la Sainte (Vierge) dans le paradis».
Deinde initium fragmenti aethiopice citat quod versum sibi vult : «Qui
non potest ieiunet usque ad nonam, perfectus vero usque ad vesperam.
Et si quidem calcaverimus super alas eorum». Des. : «Nunc autem matris
eius quae sepulta fuit heri coram omnibus tribubus angelorum». Discre-
vit cl. auctor p. 505 hoc fragmentum consonare fragmentis syriacis a
WRIGHT vulgatis. Patet quidem initium citatum, seu verba Pauli apostolos redarguentis, sumptum esse e nostro Transitu, non vero finem
quae «Lectio de Thoma» videtur esse. Propterea existimo illo in codice
268, qui multas homilias mutilas continet, quaedam folia aut perdita
aut inordinate inserta esse et forsitan alia quoque fragmenta nostri
Transitus ibi legi posse.

Textum *Libri Requiei* et versionem nostram, quae servilis est, pro
viribus secundum codicem A confecimus, variantes locos codicis B, etiam
si anteferendi sunt, ad imam paginam relegantes et vertentes, non omissis quibusdam locis fragmenti C. Quaedam tamen variantia non nota-
vimus, v.g. particula enclytica *ni*, *hi*, *kē*, *sa* vel similia, ne apparatus
plus satis excresceret. Demum ad calcem libri versionis, cum elencho
librorum lectu utilium, prolixam seriem addidimus adnotationum, in
textu siglo ‡ signatarum, relatam ad paragraphos, quorum numeri a
nobis inserti sunt, ut lectori innotesceret quare tot loci, licet interpre-
tator multam operam in vertendo libro impenderit, confusi et intellectu
difficiles remaneant. Quapropter e narrationibus aliorum auctorum,
praesertim rarioribus, aliquoties propositiones parallelas citavimus, latine tamen versas ; pluries vocabula aethiopica mere translitteravimus,
ut linguae *ge'ez* non periti percipere possent quale detrimentum textui
suo aut interpretatores, qui multi sunt, aut amanuenses incuriosi attulerunt. Etenim quae impio depravavit stylo haereticus, vicissim postea
pio vitiaverunt stylo amanuenses vel lectores forte ambigua subter
odorati.

Hucusque unus tantum testis directus *Libri Requiei* alio idiomate
scriptus notus fuit, scilicet mutila fragmenta syriaca olim a WRIGHT
vulgata et vocata *Obsequies* in *Contributions to the Apocryphal Literature*,
quae verbum ad verbum, salvis quibusdam variantibus, textui nostro
consonant. Fragmenta illa, paleographice omnibus aliis testibus anti-
quiora, in sua editione ultimo dimidio saeculi V adscripsit, postea vero,
componens suum catalogum codicum syriacorum Musei Brit., V aut

PRAENOTANDA

In prologo ad suum *Transitum Mariae*, PSEUDO-MELITO asseruit hae-reticum, quem LEUCIUM vocavit, narrationem de Assumptione nefan-dis commentis inquinatam scripsisse. Atqui liber iste haereticus, ab omnibus doctis deperditus habitus, integer ut videtur, nuncupatus *Liber Requiei*, in versione aethiopica servatus est. Hic illum edimus cum aliquibus textibus de Transitu agentibus :

1. *Liber Requiei* legitur in duobus codicibus A et B :

A = Musei Britan. *Orient. 692*, f. 47ʳ-83ᵛ. Est codex membraneus saeculi XV, 380 × 250 mm., duabus columnis exaratus complectentibus 27, 28 vel 29 lineas; tituli rubro atramento scribuntur, nomen vero Mariae nigro et signa numeralia duabus lineis carent. Quinque iam in titulo denuntiati libri, sine signo numerali, linea textus scripta rubro atramento notantur; secundus liber incipit ubi Maria a monte Olivarum reversa domum suam ingreditur; tertius excubias ab apostolis ad sepul-chrum actas describit; quartus incipit ubi Salvator apud disputantes apostolos descendit ad Mariam assumendam; quintus vero mirum in mo-dum incipit media in Pauli probatione.

B = Bibl. Nat. Paris. *d'Abbadie 158*, f. 87ʳ-115ᵛ. Est codex membra-neus saeculi XVIII, 370 × 320 mm., duabus columnis scriptus com-plectentibus 30 lineas. Quinque libri in titulo praeannuntiati nullo signo notantur; textus vero dispertitus est per multa brevia capitula, rubro atramento notata, signo numerali aut perturbate addito aut et omisso; videntur circiter 22 capitula indicta esse, quae tamen a distri-butione in quinque libros, ut legitur in A, omnino aliena sunt.

Sunt A et B soli codices nobis noti integrum textum servantes. Ex-stat tamen fragmentum quoddam

C = *Vatic. Aeth. 268*, f. 64ʳ-72ᵛ in codice saeculi XV, quod A. VAN LANTSCHOOT aethiopice edidit, addens versionem gallice, in *Le Muséon*, LXVIII (1955), p. 17-46 tamquam «*Contribution aux Actes de S. Pierre et de S. Paul*». Fragmentum hoc initio et fine mutilum, quaedam de probando Paulo describens, editor ut partem Dormitionis discernere non potuit, utpote de Transitu silens.

Extat insuper aliud fragmentum, quod legere non potuimus. Ete-nim idem cl. auctor exponens in *Studi e Testi*, vol.219, p. 451-514 aliqua manuscripta recentius Bibliothecae Vaticanae addita, describensque

VI saeculo scripta esse censuit. Primum fragmentum exponit excubias ad sepulchrum a disputantibus apostolis actas et, non interrupte, quomodo, assumpta et vitae reddita Maria, iter per transmundana instituitur; secundum quaedam refert de ossibus Ioseph; tertium demum agit de arboribus vermes emittentibus. Inverso tamen ordine, scilicet 3, 2, 1 in apocrypho nostro inserta sunt. Qui haec fragmenta syriaca legerit non poterit quin demiretur diligentiam Aethiopis in tradendo suo archetypo : Syrus enim pluribus in locis, noxia zizania evellens et nefanda commenta repudians, penitus textum suum expurgavit.

Expurgantem Syrum secuti sunt auctores excerpta *Libri Requiei* colligentes, qui haud pauci sunt. In suo libro *L'Assomption de la T. S. Vierge*, A. WENGER, vestigia M. JUGIE et B. CAPELLE premens, firmis argumentis demonstravit arcte connexas esse quasdam Transitus narrationes: fragmenta syriaca, «duas» expositiones IOANNIS THESSALONICENSIS, textus WILMART et MELITONIS, *Testamentum Mariae*, necnon novos textus a seipso graece et latine vulgatos, hosque omnes diversa ratione testes esse scripti cuiusdam deperditi. Atqui *Liber Requiei* est illud scriptum; est fons e quo, aqua ut par est percolata, omnes illi auctores hausierunt; omnes sequaces excerpserunt, vario modo breviantes, vario modo expurgantes, aut a textu integro aut a textu iam partim breviato. Qui enim attente legerit verba IOANNIS THESSALONICENSIS non poterit quin insolitas censeat nonnullas propositiones ambiguas e calamo episcopali delapsas, quarum forte auctor in breviato suo archetypo dubiam naturam suspicari non potuit. Asseruit ipse se haud mediocrem diligentiam impendisse ut quae «in diversis libris diversimodo conscripta» invenit, auditoribus traderet. Diversimodo scripta nonne sibi vult diversimodo accommodata ? Si integrum textum sub oculis habuit, et quamvis omnes lateat utrum «primigenia» eius relatio an «interpollata» ut authentica habenda sit, palmam emendantium MELITONI cedere debet.

Inter textus a WENGER vulgatos eminent *Romanus* et *Augiensis*, multis in locis ad verbum *Librum Requiei* exscribentes et saepe inter omnes rivales longe praestantes.

Magno in numero habendus est auctor qui in Irlanda *Testamentum Mariae* gaelice confecit. Quod ille solus narrationem retinuit de itinere in Aegyptum, quod solus probationem Pauli retulit et quod de itinere per transmundana testimonium servavit, satis est argumenti eius adhuc tempore codices graecos vel latinos exstitisse multo integriores codicibus nobis hodie notis. Hoc autem dolendum est quod qui acutiores de variis Transitibus scripserunt, hunc librum gaelicum, mole exiguum, momen-

to vero magnum, utpote perrarum in europaeis vel maximis biblio-
thecis, inspicere non potuerunt. Qui expendere velit quomodo varii textus de Dormitione agentes, omnibus vestigiis indagatis, connexi sint, ex-
optabit fore ut gaelicum scriptum rursus prelis subiciatur. Non enim
sufficit legere quae optima de eo SEYMOUR et WILLARD exposuerunt;
horum doctorum observationes ad unum tantum codicem, scil. *Ms.*
23048 b Dublinensis *Irisch Academy* referuntur, cui nomen *Liber Flavus*
Fergusiorum (XV saec.), quem SEYMOUR legit, DONAHUE vero suum
textum sumpsit e codice *Laud Misc. 610* Bibliothecae Bodleianae Oxo-
niensis (etiam XV saec.); codices alius ab alio discrepant, ut verbis
DONAHUE suum apocryphum explanantis patet.

Nuper Michel VAN ESBROECK, litteras ibericas explorans, duo fragmenta apocryphi *Libri Requiei* invenit, quae salvis quibusdam variantibus, mire textui paragraphorum nostrorum 5-12 et 37-40 consonant.
Ea quam primum in *Analecta Bollandiana* vulgabit.

Quanam via et quando *Liber Requiei*, qui tot problemata proponit
quot solvit, Aethiopiam attigerit nescitur. Solebant Aethiopes post
saeculum decimum tertium vertenda sua archetypa apud Arabos quae-
rere; sed hucusque dubius textus Transitus nostri arabice notus est.
Nondum probatum est umquam Aethiopes directe a Coptis mutuo
sumpsisse. Primis tamen historiae suae saeculis procul dubio aliquoties
libros graecos interpretati sunt. Num umquam perspectum habebimus
quasnam ambages viarum percurrerit *Liber Requiei*, quem JUGIE a Syro
confectum censuit, priusquam tot distantes regiones invaserit ut hodie
fide dignus testis eius in longinqua Irlanda exstet, omnium vero dignis-
simus, quamvis vitiatus, in remota Aethiopia?

Hoc mirandum est quod suo tempore WRIGHT *Librum Requiei* non
intentior inspexit. Variis iam editionibus de Dormitione agentibus cla-
rus, evulgavit fragmenta antiqua syriaca et postea Catalogum codicum
aethiopicorum Musei Brit. conficiens, protracta initialia verba textus
nostri citavit, non autem perspexit fragmenta sua ibi ad verbum legi
posse. Librum etiam praetermisit M. CHAÎNE: iam editis textibus de
Dormitione celeber, Catalogum componens codicum *d'Abbadie*, legen-
dae narrationis otium non habuisse videtur. Si prior aut alter eam le-
gissent et vulgassent, multi fallentia vestigia persecuti non fuissent.

In europaeis collectionibus aethiopicis nullus alius codex nobis inno-
tuit. Temerariae tamen sententiae non videtur accusandus qui censeret
alios testes *Libri Requiei* aut latinos aut nostris europaeis linguis versos
abditos latere. Quodnam documentum gaelicus auctor sub oculis hab-

uit ? Ubinam legit compilator latinus codicis *3550* a WENGER citatus
relationem de inspecta gehenna partim nostro textui consonam ?

Aethiopes qui acta apud Mariam morientem et assumptam in suis
imaginibus depictis seu miniaturis effinxerunt, de *Libro Requiei* nihil
specifici retinuisse videntur, v.g. angelum scriptum hermeticum traden-
tem vel similia, quamquam usque in XVIII saeculum textum sub manu
habere voluerunt. Quaecumque inspicere potui depicta, a lectore narrationis PSEUDO-IOANNIS depingi potuerunt. In *Orient. 641* series magnifica videri potest imaginum ad Dormitionem relata : f. 13^r exstat duplex
imago : «quomodo oravit domina nostra Maria in Golgotha» et «quomodo
visitavit dominus noster dominam nostram Mariam orantem in Golgotha». Adsunt «custodes» armati. Fol. 14^r : «quomodo assumpserunt
dominam nostram angeli a Golgotha in coelum et adoraverunt eam
animae iustorum cum Abraham, Isaac et Iacob». Fol. 15^r : «quomodo
assumpsit dominus noster dominam nostram Mariam et tenuit eam
manu sua et sedere fecit eam ad dexteram suam et dedit ei pactum».
Est splendida imago circiter quinquaginta actores depingens, inter
alios «chorum angelorum», «chorum iustorum», «chorum prophetarum»,
David in throno cum lyra sua, necnon in throno sub ciborio Christum
qui Mariae manum tenet. Fol. 16^r : «quomodo ostenderunt angeli dominae Mariae ignem sheol et quae in eo animas peccatorum». Fol. 17^r duplex imago : «quomodo lugebat et sollicita erat domina nostra Maria pro
peccatoribus, postquam viderat sheol et tenebras» et «quomodo oravit
domina nostra Maria ingressa in septa Qarānyo». Fol. 18^r : «quomodo
descendit dominus noster e coelo cum millibus angelorum, dum orabat
in Qarānyo domina nostra Maria, die 16 *yakātit* et dedit ei pactum misericordiae»; res igitur non in coelo aguntur, sed in Golgotha. Iterum
circiter quinquaginta actores; Christus stat cum Maria et manum eius
non tenet. Fol. 19^r: «quomodo transivit domina nostra Maria». Duo actores candelam tenent, tres alii librum apertum tenent, aliis aspicientibus. Fol. 20^r : «quomodo portarunt apostoli cadaver dominae nostrae
Mariae». Virgo fasciolis involuta super lectum a duabus personis porta-
tur. Octo personae plangentes eam comitantur, quatuor eorum brachi-
um replicant super caput suum in luctus signum. Iudaeus castigatus
dimidiata sua brachia extendit ad alterum eorum dimidium lecto adhae-
rens. Fol. 21^r : «quomodo sepelierunt apostoli dominam nostram Mariam». Maria albo in sindone tota involuta est coram octo apostolis, dum
duo eorum funibus eam demittunt in sepulchrum sarcophago simile.
Fol. 22^r : «quomodo assumpserunt angeli dominam nostram Mariam» et

infra «luna sub pedibus eius». Octo angeli emergunt e nubibus Mariam circumdantibus; angelorum caput tantum et duae parvae alae depictae sunt ut mos erat apud multos europaeos pictores.

Insuper aliae imagines depictae sunt in libro quem Aethiopes *Miracula Mariae* vocant in quo multa miracula descripta sunt eius patrata intercessione; alii codices 33 miracula referunt, alii vero ducenta et amplius. Ad seriem amplificandam quidam amanuenses singillatim quae miraculosa acta sunt tempore Dormitionis elencho suo aggregarunt, sicut minutatim legi potest in Catalogo codicum d' Abbadie a CONTI ROSSINI confecto in *Journal asiatique*, 1912-1914 ubi describit codices *102, 165, 222, 196* et *114* necnon in Catalogo a ZOTENBERG confecto ubi loquitur de suo codice *144*. Quamquam occasionem inspiciendi illos codices non nacti sumus, existimamus ibi pictores semper hausiisse e narratione PSEUDO-IOANNIS.

2. In manuscriptis aethiopicis leguntur aliae quoque breves narrationes de Transitu, minoris tamen momenti. In collectione *CSCO*, vol. 39 (textus) et vol. 40 (versio) (1909), M. CHAÎNE vulgavit in libro cui titulus *Apocrypha de beata Maria Virgine* narrationem de Dormitione seu *Librum Transmigrationis Mariae*, quam vocavit versionem longiorem PSEUDO-IOANNIS. Exstat autem brevior quaedam quae fertur eiusdem auctoris. Hanc E. A. WALLIS BUDGE in sua collectione *Legends of our Lady Mary*, p. 152-167 anglice edidit, attamen sine textu aethiopico, ut legitur in *Orient. 604*. Hoc eodem codice duce, nos hic textum *geʻez* evulgamus.

D = *Orient. 604*, f. 45^r-50^r. Est codex membraneus 358 × 318 mm., tribus columnis scriptus complectentibus 28 lineas, exaratus inter annos 1716 et 1721. In 17 parva capitula dispertitum est apocryphum, quorum initium usque ad exclusivum septimum capitulum rubro atramento notatur, sicut et nomen Mariae, deinde vero nigro. Variantes lectiones addimus secundum codices *Orient. 605* (= E) saeculi XVIII et *Orient. 606* (= F), etiam XVIII saeculi.

3. Secundum eumdem codicem D vulgamus duas homilias : prima fertur CYRILLI HIEROSOLYMITANI et potius quam Dormitionis narratio est testificatio resurrectionis et glorificationis Mariae;

4. altera fertur CYRIACI A BEHNESA, episcopi Oxyrrinchi incertae aetatis. Ambae arcte connexae sunt et ab eodem archetypo pendere censentur; ambae testimonium afferunt Prochori, discipuli noti actibus Ioannis apostoli a ZAHN editis. Quae CYRILLI dicitur non consonat narrationibus quas A. VAN LANTSCHOOT descripsit in *L'Assomption de la*

S. Vierge chez les Coptes in *Gregorianum*, XXVII (1946), p. 493-526.
Quae vero dicitur CYRIACI valde similis videtur homiliae quam idem
auctor ibi breviter descripsit p. 509-511. Istis duabus homiliis valde
affinia sunt quae in *Synaxario Aethiopico* breviata leguntur die 16
naḥāsē, quaeque edita sunt in *Patrol. Orient.*, t. IX, p. 539-545 necnon
in E. A. WALLIS BUDGE, *The Book of the Saints of the Ethiopian Church*,
t. IV, p. 1222-1224, anglice versa.

5. In codice Abbadiano 158 legitur homilia quam habuit in Aethiopia
metropolita incertae aetatis cui nomen IOANNES et quae breviter his-
toriam apocrypham Mariae continet : Mariae, filiae Ioachim et Annae,
nativitas annuntiatur somnio in quo columba super ambos quiescit,
quod significat secundum sacerdotes Simeonem, Eleazarum et Zacha-
riam, praeclaram filiam nascituram esse. Postquam illam filiam Templo
commiserunt, reversi sunt parentes in oppidum suum Maqdēlyā. Elisabeth, quae habitat cum Zacharia in Darnā, Mariam in Templo visitat.
Maria desponsatur Iosepho, cuius uxor mortua est e qua sex habuerat
filios : horum Iacob, quem Maria parvulum invenerat in domo Ioseph,
ut suum admisit ; eapropter vocata fuit «illa quae Iacobi», eumque voca-
verunt «Iacob fratrem domini nostri». Quae deinde in apocrypho nar-
rantur, breviter consonant dictis in Evangelio de annuntiatione, visi-
tatione ad Elisabeth, fuga in Aegyptum, miraculo in Cana etc., cruci-
fixione in Golgotha. Commendata Ioanni, remanet Maria cum apostolis
in domo Mariae, matris Marci evangelistae per duodecim annos. Demum nata octoginta annos moritur. Quae brevia hoc in apocrypho ad
Dormitionem referuntur hic vulgamus secundum codicem *Abbadie 158*,
f. 42ʳ-44ʳ cum variantibus codicis *Orient. 692*.

6. In legendis Transitus narrationibus percuriosi Aethiopes quaedam
servaverunt ex apocrypho quod vulgo vocatur *Historia Euthymiaca*.
Musei Britan. *Orient. 641* est codex 278 foliorum, 384 × 342 mm.,
duabus columnis scriptus 11 linearum, scriptura magnifica quae solet
vocari *quelḥ* seu gigantea, secundi dimidii XVII saeculi. At quae post
fol. 267 leguntur, recentius, scilicet medio XVIII saeculo addita sunt :
scriptura in duabus columnis 15 vel 17 linearum non amplius est gigantea. Ibi servatur f. 268ʳ-278ᵛ quaedam «*Lectio*» de apostolo Thoma Mariam assumptam esse testificante. Textum illum edimus.

7. Ad modum appendicis quosdam breves textus vulgamus non stricte
de Dormitione agentes, sed quadam ratione ad eam relatos, scilicet
Pactum Misericordiae, seu quae legenda sunt die festi liturgici eiusdem
nominis quod Aethiopes agunt die 16 *yakātit* et quae exponunt quomodo

Christus pro certo affirmat se Mariam colentium patrocinium accipere.
In suo perraro libro *The Miracles of the blessed Virgin Mary* (1900)
E. A. WALLIS BUDGE, secundum codices *Meux n. 2* et *Meux n. 3* dupli-
cem illius *geʿez* textum (p. 8-9 et p. 77-78) cum versione anglica (p. 14-15
et p. 145-148) vulgaverat. Recentius E. CERULLI in *Studi Bizantini e neo-
ellenici*, vol. 9 (1957), p. 53-71 edidit cum versione italica textum eius
geʿez secundum editionem factam in Addis Abeba (1931-1932) cuiusdam
Libri Miraculorum Mariae. Nos nunc textum edimus secundum codicem *Orient.* 604, f. 65^r-66^r (= D) additis variantibus codicum M (= *Meux
2*) et N (= *Meux 3*) et codicis *Abbadie 158* (= B).

8. *Pacti Misericordiae* exstat insuper recensio altera omnio differens nec
relata ad Transitum vel ad preces a Maria fusas in Golgotha. Partim
scriptus est metricis versibus. In uno tantum codice servatus videtur,
scilicet *Orient. 605*, f. 89^v-93^v. Est codex membraneus 235 foliorum,
368 × 311 mm., scriptus in tribus columnis 25 linearum primo dimidio
XVIII saeculi (= E).

9. In codice *Abbadie 102*, f. 44^v-51^v, XVII saeculi, narratur quomodo
Maria, pergens ad sepulchrum in Golgotha ad ibi orandum, in via mortuum quemdam Seʿid resuscitat, adstante Caipha, qui secundum auc-
torem nostrum non est pater suscitati. Quaedam imagines depictae sunt
hoc in codice 84 foliorum, 160 × 90 mm. Ita f. 45^v in margine legitur :
«quomodo obviam venit loculo in via et quomodo resuscitavit»; coram
quatuor actoribus loculum portantibus Maria lacrymosa cum duabus
personis aspicit; f. 46^v : Maria, levatis brachiis orat coram loculo locato,
adstantibus tribus testibus ; f. 47^v : Maria genibus flexis manum tenet
mortui iacentis, dum quatuor testes aspiciunt. In margine superiori :
«quomodo suscitavit mortuum»; f. 48^v in margine supra : «quomodo suscitavit seniorem»: Maria stans manum tenet Caiphae stantis; sed insuper Caiphas depingitur iacens ad pedes Mariae, dum quatuor actores
aspiciunt; f. 50^v : Ioannes apostolus tenens cruciforme vexillum tres
personas in aqua stantes baptizat; f. 51^r in margine : «quomodo Com-
munionem dant apostoli populo» : quatuor actores, quorum unus facem
accensam tenet et alius Hostiam dat tribus personis brachia sua decus-
santibus. Hunc textum edimus cum variantibus codicis *Orient. 605* (= E)

10. Demum brevem narrationem transcribimus, vocatam *Dic mihi
nomen tuum* ut legitur in codice Musei Britan. *Orient. 13156*, f. 128^r-131^r.
Est parvus codex membraneus XV saeculi 161 foliorum, 111 × 92 mm.,
unica columna 12, 13 vel 14 linearum scriptus. Exponitur ibi Mariae
desiderium cognoscendi Domini nomen et probabiliter textus confectus

est a quodam auctore qui initium *Libri Requiei* noverat. Iam olim textus ille vulgatus est a B. Turaev sub titulo *Orationes falsae et exorcismi* in perraro libro cui nomen *Recueil des travaux rédigés en mémoire...de M. Daniel Chwolson* (Berlin, 1899), quem librum numquam inspicere potui.

V. Arras.

I

LIBER REQUIEI

1 * p. 1 * In nomine Patris et Filii et Spiritus Sancti. Liber requiei ‡ Mariae
qui de ‡ ea revelatus est in quinque libris et [1] in quinque coelis.

[LIBER PRIMUS] Et quando audivit Maria ⌐a Domino [2] ‡ quia requi-
5 esceret corpus suum, venit ad eam Magnus Angelus et dixit ei : Maria,
surge et accipe hunc librum quem dedit tibi qui plantavit paradisum et
da apostolis, ut, cum aperuerint illum, legant illum coram te; nam,
quando [3] tertia dies, requiescet corpus tuum. Etenim omnes apostolos
mittam ad te et ipsi pollingent te et videbunt gloriam tuam et non rece-
10 dent a te quoad duxerint te ubi fuisti antea. Et respondit et dixit ei :
Quare ergo hunc tantum attulisti nec [4] attulisti unicuique librum, ne,
si datur aliis, murmurent. Et quid decidam ‡ et faciam et quod est
nomen tuum, si rogant me, quod dicam eis ?

2 Et dixit ei [1] : Quid rogas me nomen meum ? Nam mirabile est au-
15 dire illud nimis. Quando venerim, dicam tibi quomodo est [2]. Tu vero
dic apostolis in secreto ne dicant filiis hominum et scient [3] virtutem
meam et vim potentiae meae. Et non propter librum tantum ⌐propter
me [4] propter illud magna * virtus fiet; et fiet ad discernendos omnes qui * p. 2
sunt Hierosolymis et iis qui credunt revelabitur eis. Vade ergo in Mon-
20 tem Olivarum et audies nomen meum, nam non dicam [5] illud in medio
Ierusalem, ne omnis civitas pereat. Tu vero audies illud in monte manifestatum. Nunc autem non prope est tempus eius.

3 Et tunc ivit Maria et ascendit in Montem Olivarum, splendens a
lumine illius angeli, portans illum librum in manibus suis. Et quando
25 venit in Montem Olivarum, ⌐gavisus est ‡ cum omnibus [1] arboribus
suis. Et tunc illae arbores inclinaverunt capita sua et adoraverunt illum
librum qui in manibus eius. Et quando vidit eas, commota est Maria [2]
dicens : Iesus est. Et dixit : O domine mi, forsitan tu es dominus meus,
quia talis virtus facta est propter te; etenim video quod tales arbores
30 adorant te. Ecce inde dico, quia nemo potest talem virtutem ‡ nisi
dominus gloriae, qui revelatus est mihi.

---

1 [1] B om. — [2] B ⌐apud Dominum — [3] B usque — [4] B quare non

2 [1] AB mihi (sic) — [2] B add. nomen meum — [3] B sciant — [4] B ⌐sed propter nomen
meum — [5] B videtur scripsisse : dicas

3 [1] B ⌐solutus est omnis cum omnibus — [2] B om.

4 Et tunc dixit ad illam : Nemo est qui possit ⌐ facere hanc virtutem ¹
nisi e manu illius, quia est potens ‡ Quicumque eius est audiet *id* quod
ego dabo quod altius ‡ *est* omni loco terrae. Ego sum qui in arboribus ⌐et
qui ² in monte. Noli putare quia arbores quae ³ in terra ‡ tantum obstu-
puerunt. Et si gustastis ex eo, moriemini ; et si neglexerunt in pauco ip- 5
sae ⁴ pereunt et cadunt ⁵ in terra. Nam ex nativitate eius notum fit quia *
ex creatura ⁶ ; ‡ etenim hereditas ⁷ eius variae eius arbores ; et quando
cecidit ⁸ super eas non potuerunt portare illum, sed sustinuit omnis
super eas sedens et ⁹ fit genitus super eum. ‡ Et non sum ergo ego qui
super omnia, sed ego sum qui super arbores hereditatis ‡ sanctae. Et 10
quando vidi librum qui dicitur hereditatis, adoraverunt ¹⁰ eum, quoniam
cognovi eum.

5 Et dixit : Mater mea, non cognovisti virtutem meam. Initium
eius revelavi tibi apud vineam ¹ ‡ ubi conduxi Ioseph ; et flevit puer,
qui est laudabilis, quia omnibus maior est. Et quando asper in te fuit 15
Ioseph dicens : Da ergo ² uber tuum infantulo tuo, tunc dedisti ei,
quando ivistis in Montem Olivarum, fugientes ab Herode. Et veniens ad
arbores dixisti ad Ioseph : O domine mi, esurimus et quid nobis quod man-
ducemus in hoc⌐loco et ³ deserto. Et tunc rixatus est tecum dicens : Quid
possum ego facere tibi ? Non tibi tantum factus sum extraneus apud 20
cognatos meos propter te. Etenim quare non custodisti virginitatem
tuam, ita ut inveniaris in hoc. Et non tu tantum ; ego quoque et infantes
mei etiam : et nunc quidem ego ⌐in isto ⁴ tecum vivo et nescio autem
quid eveniat septem ⁵ ‡ filiis meis.

6 Et hoc dico tibi, Maria : scito quis ego et quae est virtus quae in me. 25
Et tunc dixit ¹ tibi : Non datur fructus quem edetis in arboribus. Et
haec palma alta *est* et non possum conscendere eam ; et dixi ² tibi quod
nemo omnino qui ascendit⌐ et nihil quod inveniat homo ³ in hoc deserto
et ab omni parte vexatus sum propter te ; nam terram meam reliqui et ⁴
vexor. Non enim agnovi filium quem habes ; * ego ⁵ scio tantum quia 30
non est a me. Sed ⁶ putavi in corde meo : forsitan ebrius intravi ad te et
factus sum etiam ⁷ malus eo quod mihi proposui custodire. Et ecce
nunc notum factum est quod non fui seductor ; quia quinque menses
sunt quando ⁸ sumpsi te ad custodiendum et ecce hic puer est plus

---

4 ¹ B ⌐om. — ² B ⌐qui (quae ?) — ³ B ad eum qui — ⁴ super eas — ⁵ B cadit — ⁶ B
add. est — ⁷ B ornamentum — ⁸ B exivit, cecidit — ⁹ B om. — ¹⁰ B adoravi
5 ¹ B fontem — ² B om. — ³ B ⌐om. — ⁴ B ⌐hic — ⁵ B om.
6 ¹ B dicit — ² B dixit — ³ B ⌐om. — ⁴ B om. — ⁵ B et ego — ⁶ B add. in peccato
meo — ⁷ B om. — ⁸ B ex quo

* p. 3

* p. 4

quam quinque menses; nam complecteris eum manibus tuis; etenim
non fuit ⌜vere tuum [9] ‡ semen eius, sed a Spiritu Sancto est. Et non
sinet te esurire, sed faciet misericordiam suam tecum et nutriet me et
memor erit quod peregrinus ‡ sum sicut tu peregrina apud me.

[5] 7 Nonne haec omnia locutus est tibi Ioseph? Et demisit uber tuum
puer, qui maior est omnibus et dixit [1] ad Ioseph : Pater mi, quare non [2]
ascendis in hanc palmam et adducis ei, ut edat ⌜mater mea [3] ex ea,
sicut dictum est ⌜de ea [4]. Et ego nutriam vos, et non vos tantum, ⌜etiam
fructus qui exit ex ea et non esuriet [5] *ille* una die. Et vertit se [6] puer et
[10] dixit illi palmae [7] : Inclina caput tuum cum fructu tuo et satia ⌜matrem
meam patremque meum [8]. Et tunc inclinavit. Et quis inclinavit eam?
⌜Nonne quia mihi [9] est potestas quae fuit propter me; et satiata es, tu
et Ioseph. Nam rami ‡ huius palmae ⌜positi ut unda maris super terram [10]; quia ego gaudium et exsultatio ‡ ⌜in corpore meo [11] apparet.

[15] 8 * Et dixit illi palmae : Verte te ad me, palma; nam palma magna * p. 5
planta totius terrae quae est in Aegypto; surge ergo et te effer summe [1],
quoniam ⌜humiliasti te [2] et fecisti voluntatem meam hoc ministerium;
te ergo effer et esto signum apud omnes arbores, quia omnes sancti qui
humiliant seipsos abundanter efferentur. Et tunc arrexit se ⌜et facta
[20] est [3] ut antea. Et benedixit ei et dixit ei qui [4] est dignus ‡ in gloriam
nominis sui : Vocatur ‡ super te nomen sanctum Adami apud splendi-
dum hominem.

 9 Et [1], palma, quis expulit te e paradiso et migrasti in Aegyptum
dolose [2] et seminata es ⌜in arido [3] ut ferro te abscidant [4]? Quomodo
[25] invenisti hunc locum, o palma, quia imago facta es omni terrae? Nonne
hoc propter te [5] factum est? Nam quando ivit diabolus, postquam se-
duxerat Adamum, ecce ⌜irata es ei et expulisti eum [6] e paradiso in terram
Maṣṭinpanes. Surge [7] et da mihi ⌜ex illis seminibus [8] quae sunt in paradiso et [9] quae in terra ⌜ ex quibus manducatum est [10]; quia migrasti e
[30] bono loco ⌜et seminata es [11] in terra; sed ne timeatis, arbores. Quia sicut
misit me Pater meus in salutem hominum ut reducerem eos, locutus est

---

[9] B ⌜ex tuo

7 [1] B dixi — [2] A om. — [3] B ⌜om. — [4] B ⌜de me — [5] B ⌜nutriam, sed omnes ego nutriam et etiam fructus qui exit ex ea non esuriet — [6] B add. ille — [7] B add. Tibi dico, palma
[8] B ⌜patrem meum meamque matrem — [9] B ⌜Ego fui et quae mihi — [10] B ⌜super terram
positi ut unda maris super terram — [11] B ⌜om.

8 [1] B om. — [2] B Demisisti caput tuum (?) — [3] B ⌜om. — [4] A hic.

9 [1] B om. — [2] B om. — [3] B ⌜om. — [4] B subigant. — [5] AB suffixum mascul. — [6] B
⌜iratus est tibi et expulit te — [7] B Sed surge — [8] B ⌜ex tota terra semina — [9] B om.
[10] B ⌜ex quibus manducat mater mea — [11] B ⌜et semines

mihi quoad fructus ut ederent amici mei ⌜ex iis ¹², qui recipiunt me in imagine mea. Et tu quoque, palma, migra et descende in primum locum ¹³. Et tunc surrexit illa palma coram nobis ¹⁴ et descendit ¹⁵ in paradisum suum ¹⁶.

10 * Et quis portavit eam, Maria ? Non ¹ arbores tantum sublevavi ², 5 sed homines quoque qui humiliant se Domino; ego sum qui porto eos et educo ³ eos in locum iustitiae. ⌜Et in una die ‡ quando exibis e corpore tuo et ubi requiescet corpus tuum ‡, quia ⁴ ego ipse veniam quarta die et remisi quoad ⁵ diem; nam Salvator noster tertia die surrexit, tu ⁶ vero quarta die. Et omnes qui custodiunt verba Salvatoris ego insuper 10 veniam ad eos et revertentes ⁷ in paradisum requietis ⁸ ‡, manebit corpus eorum novum non putrescens, quoniam custodierunt se dum viventes erant super terram et manebunt ibi usque in diem resurrectionis; et veniet ¹⁰ cum angelis super terram et venire eos facient cum corporibus eorum ⌜unicuique propriis ¹¹.
15

11 Et dixit illi Maria : O domine ¹, quo signo venies apud eos et quod signum eorum qui venire eos facient et an sacrificium offerent praestantis odoris et ita venies ad eos vel dum transis apud iustos et venientes clamabunt nomen tuum et venies ad eos, quia si ita est ut ego illud faciam et tu venias et sumas me. Et dixit ei : Quid habes, o mater mea, ‡ 20 quia quando mittar ‡ ad te, non solus veniam, sed cum omnibus militiis angelorum et venient et cantabunt coram te; etenim missus sum ad te ut dicam tibi ut tu quoque des * apostolis in secreto, quia absconditum est hoc ab illis qui petebant illud a ⌜Iesu Salvatore ².

12 Et *illa* dixit ei : Quid facies ¹ usque dum requiescet corpus nos- 25 trum ? Nam nolumus relinquere illud super terram, quia ante te ² ‡ factum est; et sicut ³ oportet nos habitare ⌜in hac figura nostra ⁴ et volumus *ut* sit nobiscum corpus nostrum illo in loco. Et tunc dixit eis ⁵ bonus Christus : Hoc verbum quod quaeritis ‡ nunc ⁶ magnum est. Quo ⁷ ego vado nunc vos quidem ⁸ ⌜non potestis ⁹ venire, sed vado et 30

---

¹² B ⌜om. — ¹³ B add. tuum — ¹⁴ B illo — ¹⁵ B migravit — ¹⁶ B om.

10 ¹ B Nonne ego fui ? Et non — ² B quae respondent bene — ³ B duco — ⁴ A ⌜Et videre diem quando exit e corpore suo (femin.) et ubi requiescet corpus eius (femin.) ⁵ B add. unum — ⁶ B te ascendere faciet — ⁷ B revertere eos faciam — ⁸ B unguenti ⁹ B om. — ¹⁰ B venient — ¹¹ B ⌜om.

11 ¹ B add. mi. — ² B ⌜Salvatore Iesu illo.

12 ¹ B faciemus — ² B nos — ³ B ita — ⁴ B ⌜apud hanc figuram nostram — ⁵ B ad illam — ⁶ B dixit — ⁷ B Et quo — ⁸ B om. — ⁹ B ⌜om.

rogabo Patrem meum et parabo locum ⌐ corporum vestrorum [10] in paradiso, ⌐apud tuum manebunt [11].

13 Et nunc ergo scito quid faciam ‡ usque quando mittam super te orationem quam [1] accepi a Patre meo; et veniens ego nunc dico tibi
5 ⌐hodie exitum tuum [2] e corpore tuo, oriente sole ⌐sicut apparebit. Et quidquid dixi tibi da apostolis [3]; nam ipsi quoque, postquam ⌐positum erit corpus tuum [4], veniam quarta die super corpus eorum ⌐et non invenient illud et timebunt [5] ne credant potentiam meam [6] et prehendentur ab ea et ibunt ⌐ad aliud corpus quod non est apostolis [7].

10 **14** Et ipsi dixerunt : Ipsi qui vadunt [1], quomodo ergo relinquent [2] corpus eorum hic, quia ipsi ⌐salvant alios [3] et nequeunt * ascendere * p. 8 ⌐sine oratione et exibunt [4] e corpore suo et dormient [5] quatuor dies ⌐et post hoc veniam et expergefaciam eos et non relinquentur post quartam diem [6], quia ⌐ego frater meus [7] ‡ dolet me sumere [8] hunc odorem,
15 propterea patiens fui usque ad quartam diem, secus venissem apud eos tertia die. Nam sicut tristis ‡ non potest [9] orationem ibi homines ⌐ecclesiarum eius [10] qui amant hoc saeculum ⌐et qui habitant in eo et dic ergo[11] apostolis ⌐in abscondito «ne reveletis illud» [12] ut non veniant in istud. ⌐Quia insuper qui volunt illud, ne dicant illud *ad eos* qui non custodiunt
20 illud [13].

15 O Maria, scito unde exivit oratio et quae est ⌐ut oporteat te observare illam cum omni saeculo [1]. Etiamsi lucratus est homo totum saeculum et abundant erga eum viperae, ‡ ⌐quid erit lucrum eius? [2] Et si sapiens est et dives super omne saeculum et ⌐abundant erga eum vi-
25 perae [3], nonne dabit omnem substantiam suam quoad [4] corpus suum? Ita quidem est, Maria; nam impossibile est transgredi viperas donec transibit omne saeculum ‡ ob odium satanae quod [5] adduxit super

---

[10] B ⌐vobis. *Ioa.*, VIII, 21-22; XIV, 2-3. — [11] B ⌐ubi tuum corpus manebit

13 [1] A et — [2] B ⌐om. — [3] B ⌐et tunc apparebit omne quod dixi tibi da apostolis [4] B ⌐positum erit corpus eorum — [5] B ⌐et ibunt homines super corpus eorum et invenient eos et non timebunt — [6] B eius — [7] B ⌐ad alia corpora quae non sunt apud apostolos

14 [1] B credunt — [2] B relinquitur — [3] B ⌐salvant nos — [4] B et diximus et sine oratione exeunt — [5] B silent (vel silebunt) — [6] B ⌐om. — [7] B ⌐ego et frater meus — [8] B sume — [9] B possunt — [10] B ⌐amicorum — [11] B ⌐et iis qui habitant in eo dic — [12] B ⌐ut abscondant nec revelent illud — [13] B ⌐quia magnum; et etiam qui volunt illud non invenient illud qui non abservant illud.

15 [1] B ⌐ut scias quia oportet te custodire illam in saeculum saeculi — [2] B ⌐quidnam lucratus est? — [3] B ⌐et restat super viperas — [4] B add. salvet — [5] A om.

omnes. Sed qui intelligit haec in omnibus ille omnes divitias suas det
⌐quoad salvet corpus suum ⁶.

* p. 9   **16** Sicut ⌐ista lapis viridis ¹ qui cadit e coelo et * apparet oriente sole,
oratio quidem, o Maria, ex natura matris tuae ‡ est ⌐quae valet in
omnem creaturam propter quam est mors, et resuscitat ² mortuos et dat ₅
resurrectionem omnibus ⌐et videbunt decretum Domini.

17 Sed in illa die ‡ fuit corpus Adami in gloria quae super Adamum
resedit et struens ‡ super terram corpus qui [quod?] fecit cum Patre
qui fuit cum eo in consilio ¹ et in participatione. Et hoc quod fuit a
principio et fuit etiam ante angelos et archangelos, super ‡ creationem ₁₀
et potestates ², donec sedit ⌐et a praeposito motum est ³, dum videbatur
non surgere ⁴. Et Dominus autem scivit quae sunt in anima ⁵ iecit requiem et requievit in corde ita ut imploraret ipsum. Et quando hoc
dixit ⁶ pater Adami, surrexit et factus est custos ⁷ a patre suo ⁸ et a
filio suo ⁹ et a spiritu sancto usque ad hanc diem. Et abscondidi hoc a ₁₅
sapientibus et in scripturis non scriptum est, ne videant illud scribae
nec audiant illud stulti inter pueros; sed sivi illud abscondi in cherubim
et nemo potest videre illud nisi pater et filius et spiritus sanctus usque
ad hanc diem, ut ⌐nota fiat in illo sapientia ¹⁰ ‡ ut sit. Et misit hanc ut
⌐custodias ut cum apostolis cognoscatur et abscondant illud in cheru- ₂₀
bim ut non cognoscatur nisi tantum illi qui omnia legit cherubim ¹¹.

* p. 10   **18** * Et hodie insuper quinam sunt qui legunt illud in toto ⌐corde suo
et anima sua ¹ et intellectu suo, quia ante creaturam, qui ² gloriantur
coram hominibus dicentes : Domini sumus et memoria eius suscitat
eos, dum quaerunt sanationem a morbis suis et quam volunt petitionem ₂₅
ab illis non audit eos Dominus, ⌐quia voluntas Domini ³ non est apud
eos; et ⁴ non possunt invocare ⌐propter seipos sicut propter alios ⁵. Et
quando ⌐clamarunt vociferantes, non audivit eos ⁶.

---

⁶ B ⌐quia totum salvabit corpus suum.

16 ¹ B ⌐ista oratio quae in lapide viridi — ² B ⌐quae *in* mortem valet propter eam et
resuscitat

17 ¹ B ⌐et videbunt si sapientia, sed ille clypeus fuit corpus filii in gloria quae super
Adamum qui mansit iacens super terram corpus quod fecit cum patre qui cum ipso fuit in
consilio — ² B add. apud me — ³ B et positus motus est — ⁴ B sumere — ⁵ B add. quies-
centia — ⁶ A dixit (femin.) — ⁷ B custoditus — ⁸ B om. — ⁹ B om. — ¹⁰ B ⌐ut non nota
fiant in sapiente — ¹¹ B ⌐hanc ut custodias cum apostolis illo tempore et custodient illud
in cherubim ut tantum non cognoscatur nisi *illi* qui legit omnia cherubim.

18 ¹ B ⌐anima sua — ² B et qui — ³ A ⌐om. — ⁴ B om. — ⁵ B ⌐sicut propter alios —
⁶ B ⌐defatigati sunt dixit, dum vociferabantur : non audit eos Dominus.

19 ⌐O Maria, ille fur ¹ quando prehenderunt eum apud ‡ apostolos dum supplex orabat et adorabat in capite suo sub pedibus eorum dicens : supplicate magistro vestro ut benedicat nobis in reconciliationem et sanentur a morbis ipsorum; et euntes apostoli supplicaverunt Iesum
5 ut benediceret eis ², sicuti voluerunt et misit cum apostolis ³ : nonne ita sunt pastores Israel; quaerunt sanationem ovium ⁴ suarum ut laudentur coram hominibus et ipsi nequeunt sanari, quia ipsi errant ⁵ usque hodie; vobis autem dedi ⌐et creditis ⁶. Et dixerunt apostoli : O domine, ecce supplicant et adorant et poenitent ⁷ ⌐et quomodo ⁸ non audis eos ?
10 Et dixit eis : Vultisne ut ego audiam eos ? At illi mali sunt et vos ⌐cognoscitis eos ⁹.

20 Tunc voluit Iesus ostendere apostolis *quod* ob malitiam non audiebat eos. Et sursum duxit eos in montem ⌐et fecit eos * esurire ¹. Et vene-   * p. 11
runt et supplicarunt Iesum et dixerunt ei : Esurimus et quid comede-
15 mus in hoc deserto. Et mandavit Iesus ut germinarent arbores coram eis ⌐et producerent fructus. Tunc fructus fecerunt coram eis ². Et dixit eis : ⌐Euntes vos ³ ad illas arbores coram vobis et sicut frondes earum multae ita quoque rami earum et pulchrae visu et ab illis comedite. Et euntes apostoli *ad* quae coram ipsis arbores non invenerunt fructus
20 in eis et reversi sunt ad Iesum et dixerunt ei : O Magister noster, misisti nos ad ⁴ quae coram nobis arbores et non invenimus fructus in eis nisi frondes earum germinantes et ramos earum pulchros, sed fructus earum omnino nihil. Et dixit eis Iesus : Num non inspexistis eos, quia altae arbores istae ? Ite ergo nunc, quia arbores istae se inclinaverunt et in-
25 venietis in illis fructus et comedite. Et euntes invenerunt arbores et non invenerunt in illis fructus.

21 Et reversi sunt ad Iesum cum tristitia magna et deinde dixerunt ei : Quidnam hoc quod ludibrium est ? Nam primo ⌐dixisti nobis ¹ : Invenietis arbores altas plenas fructuum et non invenimus. Quare ergo
30 quasi ludibrium est in eo ? Doce nos quid sit. Et dixit eis Iesus : Ite ergo et sedite sub illis; scietis quid est. Et dum stabant *erectae* ⌐non vidistis et dum inclinabant se quoque non vidistis. ² Et tunc iverunt ³ et sede-

---

19 ¹ ⌐Nonne memores estis, o Maria, illius hominis furis — ² Hic incipit tertium fragmentum a Wright editum — ³ B add. et dixit — ⁴ B lacrymarum — ⁵ B errare faciunt — ⁶ B ⌐ut crederetis — ⁷ B laudant — ⁸ B ⌐quia — ⁹ B ⌐confiditis illis —.

20 ¹ B ⌐altum et fecit eum custodire — ² A ⌐ut fructificaret tunc fructus coram ipsis ³ B ⌐om — ⁴ A om.

21 ¹ A ⌐om. — ² B ⌐ostendo vobis et dum inclinabant se ostendo vobis — ³ B add. apostoli

runt sub illis ⁴ arboribus et exierunt vermes foetentes. Et surrexerunt
apostoli et dixerunt ei : O Magister noster, num tentare nos vis ? At
redire eos fecerat ad illas ⁵ arbores ut non irent ad arbores.

* p. 12   **22** * Et respondit eis Salvator et dixit eis : Nequaquam tento vos,
sed volo ut sciatis perspecte ; et aspicite ergo nunc ; scitote quomodo est 5
planta earum. Et cum adspexissent apostoli, viderunt quod planta
earum filii hominum facta erat, orantes et adorantes in genibus suis et
dixerunt ad Iesum : O domine, vidimus homines qui vestiunt vestibus
albis, orantes et adorantes in genibus suis et mensa *est* coram eis et
panis positus coram eis ¹. Et post orationem iverunt et voluerunt co- 10
medere et non invenerunt panem qui super eam et ⌐qui sumpsit nisi
gehennam summam ².

    23 Et tunc dixit eis Iesus : Vobis, o filii mei boni et uniti, reservavi ¹ ;
⌐et mensa aeternitatis est et panis ille quoque, nonne agnovistis illum ²
quis est quem quaeritis ? Nam ⌐sicut stant *et* orant ³ et adorant in geni- 15
bus suis poenitentes, nonne vidistis ergo ? Stant dum non est fructus
Domino super eos in poenitentiam. ⌐Non, quia volebant saeculum ⁴ et
omnia bona ⁵ et quando ⌐memores fuerunt ⁶ bonorum eius et oraverunt ad Dominum, tunc loquebatur ⁷ eis de illa mensa ; et quando reversi sunt in saeculum, se avertebat ab eis.   20

    24 Nunc ergo, o Maria, trade ¹ signum Apostolis ut dicant mysterium
* p. 13 suum iis qui credunt. Cui datum erit, audiat ; tunc * scietur nomen
meum ⌐et potentia mea. Et volo ostendere eis ², o Maria, quae data est
mihi potentiam a Domino Patre quando ³ misit me in saeculum ut
perderem peccatores et benedicerem iustis.   25

    25 Ego sum ⌐tertius confectus est ‡ et non Filius, nemo qui maior
est me ¹. Ego sum primogenitos omnis Aegypti qui delevi propter ²
magnum clamorem et propter sanguinem qui effusus est apud eos. Interroga populos ³ terrae, o Maria ⁴, quare delevi omnes primogenitos
qui in Aegypto. Interroga eos qui ⌐dicunt : nemo quem videmus ‡ et 30

---

⁴ B om. — ⁵ B Hic desinit tertium fragmentum Wright

    22   ¹ B ⌐super illam — ² B ⌐et qui non sumpsit nisi quod gehenna comedit eum.

    23   ¹ B dicam — ² B ⌐et mensa hoc saeculum est et panis qui praeterit nonne agnovis-
tis illum — ³ B ⌐ita orant et stant — ⁴ B ⌐nonne adoraverunt in genibus suis in poenitentiam et non habuerunt radices, quia amant saeculum — ⁵ B add. eius — ⁶ B ⌐om. —
⁷ B loquebantur

    24   ¹ A om. — ² B ⌐et volo ostendere eis potentiam meam — ³ B et quod.

    25   ¹ B ⌐qui tertius confectus est in divinitate et ego filius eius et nemo qui maior
est me — ² B add. magnam malitiam quae fuit in eis et propter — ³ B fratres —
⁴ B add. et docebunt te

nemo qui cognoscit nos [5], sicut debent cognoscere nos. Interroga ergo
eos qui putant et confidunt in thesauris suis et narrabunt tibi quare delevi omnes primogenitos Aegypti, ita ut comederent abundanter lentes
in dentibus filiorum suorum et semper peccabant et flagellum abundabat
5 super filios eorum. ⌐Et ecce illi qui dicunt ‡ : Nos tamen sumus [6]. Nam
hoc mysterium inter nos coniunctum est ⌐cum *mysterio* Adami ‡ super
quos perditionem adducunt [7]. Et haec dico [8] tibi, o Maria, ut scias de iis.

26 Audi ergo et edocebo te quare perdidi primogenitos Aegypti.
Nonne, quando erant filii Israel in Aegypto sub iugo pharaonis, flagel-
10 lati ab illis qui ⌐subiugabant ipsos [1], aegrotavit * unus e filiis Israel,   * p. 14
cuius nomen Eleāzar, et non potuit servitium praebere. Et venit praepositus operariorum et dixit ei : Quare ergo non existi ad opus faciendum et
ecce ⌐hora facta est [2] tibi et tu non potuisti. Et nihil respondit ei [3]. Et
ivit ad pharaonem et dixit regi : ⌐Vivus in aeternum rex [4]; datur unus
15 e filiis Hebraeorum, non potuit opus suum facere, dicens aegrotans sum ;
et quid faciamus iubes : utrum condonas [5] ei an vero non condonamus ?
Et haec audiens ⌐pharao rex [6] striduit dentibus suis ⌐super eum [7] dicens : Halitum vestrum et animam vestram educam e vobis et *ex* corpore vestro si quiescere facitis nunc filios Israel [8] et lateres eorum ⌐tri-
20 buere facite eos [9]; sed vero adducite uxorem eius et fingat vice eius. Et
si non adducitis uxorem eius et alii vident ita, relinquent lateres suos
et otiosi erunt ‡ et intermittent opus suum [10]. Et si viderint uxorem eius
venientem ad fingendum, timebunt et operabuntur [11] ita ut non inter-
mittant [12] opus meum et non memores erunt Dei sui. Ite ergo nunc,
25 praepositi operariorum in opus meum, nam, cum vesperaverit, ego
quoque veniam, numerabo quantitatem laterum praepositorum operariorum et si non invenero numerum laterum accuratum, nihil aliud nisi
lateres erit.

27 Et cum audivissent haec praepositi operariorum a pharaone rege [1],
30 exierunt commoti in domum Eleāzari aegrotantis et prehenderunt uxorem eius et eduxerunt eam, cui nomen Rachel, et adduxerunt eam * ad   * p. 15

---

[5] B ⌐dicunt : nemo qui videt nos et nemo qui cognoscit nos — [6] A ⌐et nonne qui dicunt
tamen (sic corrupte). — [7] B ⌐et sanguis est coniunctus cum sanguine *eorum* qui perditionem adducunt super eos — [8] B dixi.

26   [1] B ⌐flagellabant eos et vexabant eos in opere laterum ut scirent nomen Domini
ab illis qui affligebant eos — [2] B ⌐duae horae factae sunt — [3] B add. prae multitudine
morbi sui — [4] A ⌐om. — [5] B condonamus — [6] A ⌐om. — [7] B ⌐om. — [8] B Hebraeorum —
[9] B ⌐multiplicate illis — [10] B meum — [11] B properabunt — [12] B intermittatur.

27   [1] B add. Aegypti

opus laterum et percusserunt eam repetentes opus laterum viri ipsius
⌜et iusserunt ei ² et perduxerunt eam ad mortem et di·xerunt ei : si non
confeceris hos lateres. ⌜Et non genuerat. ‡ Et moesta propter pudorem
suum, non exivit e domo sua ³ et non sivit quempiam hominum Aegypti videre ipsam, ne ⌜errorem committeret quoad diem ⁴.   5

28 Et quando exierat ad operarios et quando fecit omne opus laterum
passa est abundanter et sedit paulisper ut quiesceret. Et adfuerunt ibi ¹
praepositi operariorum et percusserunt eam dicentes : Surge, finge; et
quare intermisisti diem. Et dixit eis : Supplico vos, miseremini mei,
domini mei, et patimini ut paulisper quiescam, nam lumbi mei con-   10
stringuntur. Et tunc flagellarunt eam praepositi operariorum dicentes :
Non possumus miserere tui, quia hodie venit ² pharao ut inspiciat opus
Hebraeorum lateres; quoniam mandatum dedit mihi ³ rex ut non adiu-
varemus vos, secus loco vestro fingeremus; nunc autem non possumus
⌜relinquere te ⁴. Et venit hora adventus pharaonis et manserunt co-   15
gentes eam. Ipsa autem surrexit et sumpsit argillam in manibus suis et
incepit fingere. Et ⌜prae multitudine flagellationis suae, dum timebat,
cadere fecit ⁵ fructum qui in ventre suo.

29 Et cum vidissent ⌜operarii hoc, timuerunt et recesserunt ¹. Tunc
unus eorum surrexit et venit et vidit duos infantes et flevit *ille* magno 20
fletu dum dicebat *ipsa* : o domine meus, rependiste nobis secundum
peccata nostra, * quia ab initio peccavimus. Nunc autem, o domine, respice et vide dolorem nostrum et memento statuti quod posuisti erga
⌜patres nostros ² Abraham et Isaac et Iacob dicens : Benedicens benedico ⌜vobis et semini vestro ³. Nunc autem, quamquam peccavimus, ne 25
tamen in aeternum facias ⁴ iram tuam in nos. Apud quemnam ⌜manebo
nisi *ad* te, o domine ? Ad quemnam clamabo ? Ad te, domine ⁵. Nam
dolor meus superabundans est. Et haec primitia fructus qui in ventre
meo et perdidi et sine viribus facta sum prae multitudine doloris ⁶ et
nescio quid faciam. Respice, domine ⁷, super infantes meos ⁸, quia tui 30
sunt.

* p. 16 *(left margin, line 22)*

---

² B ⌜om. — ³ B ⌜cave tibi. Et in eo erat ut gigneret et maesta fuit propter pudorem
suum, quia eduxerant ipsam e domo sua — ⁴ B ⌜vilipenderetur quando exivisset ad
praepositos operariorum.

28 ¹ B add. quinque — ² B exit — ³ Sic. — ⁴ B ⌜cessare facere te — ⁵ B ⌜non potuit
prae multitudine doloris illius flagellationis cadere fecit.

29 ¹ B ⌜praepositi operariorum pudorem eius, recesserunt — ² B ⌜om. — ³ B ⌜semi-
ni vestro — ⁴ B ponas — ⁵ B ⌜clamabo nisi *ad* te domine et cum quonam manebo nisi cum
te domine — ⁶ B add. mei — ⁷ B om. — ⁸ B illos

30 Et haec dicente Rachele, iverunt Abraham, Isaac et Iacob ad
⌜bonum Dominum ¹ ‡ et adoraverunt et supplicaverunt dicentes : Miserere, Pater ², stirpium nostrorum et ignosce ³ et memento pacti quod
statuisti erga nos et erga semen nostrum. Et quando ita ⁴ dixerant,
₅ missus fui ad eam ut dicerem ei haec verba et dixi ei : Rachel, Rachel,
audivit Dominus luctum tuum; nam sicut vidisti mortem ⌜infantium
tuorum, faciam ut videas ⁵ mortem primogenitorum Aegypti; et sicut
labi fecerunt infantes tuos ⁶ ita faciam labi infantes eorum et ita faciam
tibi ut videas Aegyptios, dum ⌜ cadunt primogeniti eorum e ventre
₁₀ eorum ⁷. Nunc autem, Rachel ⁸, surge et fac opus tuum, ⌜quia exibunt
e domo ancillarum ⁹; nam ¹⁰ Dominus misit me ut ulciscar vobis sanguinem ¹¹. Eapropter delevi omnem primogenitum pharaonis et primogenitum magorum; in portis * perdidi eos, media nocte, virtute quae   * p. 17
data est a Domino.

₁₅   **31** Et tunc bellum gessit satanas et dixit mihi : ⌜Visne ut adiuvem ¹
homines Aegypti? Et deinde illo momento clangebat ⌜voce sua ² ‡ quae
oportebat manifestari dicens tuba sua : Quia induis quae data est tibi
potentiam, an ³ vindictam sumes de illis qui malum agunt et scietur
malitia eorum quae ⁴ est. Et se vertit coram ⁵ me et vidi eum qui ⌜de-
₂₀ bellabat me ⁶. Et dum haec dicebat tuba sua, recessit a primogenitis
eorum. Et sumens ego hunc ligavi et inveni eum introeuntem domos,
et docentem signa quorum peritus est. ⌜Et dixit ⁷ : Non sum primogenitus, sed ut salveris ⌜et aestimo ⁸ ‡ quia non animadvertet. Et nemo
ut Dominus, fecit hoc ⁹ signum primogenitorum ut ⌜pharao non relin-
₂₅ queret ¹⁰ ‡ qui non fuit ex primogenitis. Et signum ⌜illud in manu dextera sicut non fuit primogenitus ut salvarentur ¹¹. Et fuerunt ¹² qui
clamarent dicentes : ⌜Dic nobis ¹³, apud nos non datur primogenitus.
Et non crediderunt huic signo, et extenderunt manus suas et palpantes
quaerebant ob magnas tenebras, volentes exire et ut non viderent illud
₃₀ signum caedis suae. Et ⌜clanxit tubam Michael ¹⁴ et ligati sunt nimis
et deinde ligavi.

---

30 ¹ B ⌜Dominum bonum — ² B om. — ³ B add. illis — ⁴ B haec — ⁵ B ⌜primogeniti
tui, videbis — ⁶ B add. et durum fecerunt cor suum erga te — ⁷ B ⌜cadere faciunt primogenitos suos e ventre matrum suarum — ⁸ B bis — ⁹ B ⌜om. — ¹⁰ B et — ¹¹ B add. vestrum
   31 ¹ A ⌜visne ut adiuvetis (sic) — ² B ⌜tuba sua — ³ B et — ⁴ B unde — ⁵ B ad —
⁶ B ⌜decertabat eos — ⁷ B ⌜om. — ⁸ B ⌜sic. Sed A : ⌜illum populum — ⁹ B om. — ¹⁰ B
⌜non oblivisceret ut non relinquerent unum — ¹¹ B ⌜illius primogeniti eorum ita erat in
manu eius dextera, sicut dixit quis quod non fuerunt primogeniti ut salvarentur — ¹² B
add. inter eos — ¹³ B ⌜supplico te — ¹⁴ B ⌜clanxerunt tubam Michael et angeli eius.

* p. 18 **32** Nunc ergo, o Maria, videbis virtutem meam, quia ego * sum qui
facio [1] signum hoc in terra. Ego sum qui praeivi in Sodoma et salvavi
Lot et delevi uxorem eius. Et ego etiam sum qui feci ut ossa Ioseph in-
venirentur [2] quae absconditerat pharao. Nam tunc temporis, quando
mortuus est Ioseph, surrexit alius rex in Aegypto, et non noverat ₅
Ioseph, et incepit affligere filios Israel; isti vero voluerunt aufugere ⌐a
pharaone [3]. Et sciens pharao quod aufugerent a se, vocavit magos et
dixit eis : Scio quidem quod sapientes estis; nunc autem dicite mihi
quid faciam illi populo? Quia audivi quia murmurant et dixerunt [4] :
Aufugiamus ab eo. Et dixerunt magi pharaoni : Si igitur ⌐vult aufugere ₁₀
hic populus [5], fac sicut nos dixerimus : sume ossa Ioseph [6] et pone ‡ ea
in locum absconditum apud potestatem tuam, ne inveniant ea. Non
⌐aufugient et non relinquent ea [7]. Nam audivimus, quando [8] in eo erat
ut moriretur, quod adiuravit eos ut sumerent ossa sua secum. Et eapropter non poterunt aufugere, nisi sumpserint ea et manebunt sub potestate ₁₅
tua in Aegypto.

33 Et tunc surrexit pharao rex Aegypti et fecit in ira sua pulverem
in medio fluvio Aegypti et sumpsit ossa Ioseph et reposuit ea in arcam
lapideam et pice obduxit ea valide [1] et scripsit nomen eius in charta
⌐dicente : Haec sunt ossa Ioseph [2] et adhaerere fecit huic arcae et fecit ut ₂₀
* p. 19 * seperiretur in medio pulvere. Et adduxit iterum afflictionem et posuit
afflictionem super filios Israel [3]. Et post haec bonus Dominus ‡ misertus est eorum et audivit fletum eorum et decrevit educere eos e terra
Aegypti. Et misit Moysen [4] ut loqueretur ei [5] Deus ‡ Abraham et Deus
Isaac et Deus Iacob, Deus vivorum ⌐et Deus mortuorum [6], quia iusti ₂₅
omnes vivunt ei. Et venit [7] et locutus est filiis Israel dicens : Eamus [8]
et educam vos. Et dixerunt [9] ei : Eamus [10] ad ossa fratris nostri prima
qui fuit nobis et [11] adiuravit patres nostros ut [12] transferrent ossa ipsius
cum filiis Israel.

34 Et iverunt cum Moyse ad ossa Ioseph et non invenerunt ea; non ₃₀
enim sciverunt quod absconditerat ea pharao ⌐apud se [1]. Et cum non

---

32 [1] B ⌐facere curavi — [2] B benedicerentur — [3] B ⌐ab ipsis — [4] B dicunt — [5] B ⌐vis
ut iste populus non aufugiat — [6] Hic incipit secundum fragmentum a Wright editum —
[7] B ⌐non aufugerunt (?) quia non relinquent ea — [8] A sicut.

33 [1] B et tutavit ea — [2] A ⌐om. — [3] B add. ut antea — [4] B add. servum suum —
[5] B illis — [6] B ⌐et non mortuorum. *Marc.*, XII, 26; *Luc.*, XX, 38 — [7] B add. Moyses —
[8] B venite eamus — [9] B responderunt — [10] B Utique eamus prima — [11] B quia — [12] B
ut non

34 [1] B ⌐om.

invenissent ea, sciderunt vestimenta sua, ipsi necnon Moyses fleverunt ⌐et oculos levarunt [2] ad Dominum dicentes ei : O domine, Deus patrum nostrorum, quare ergo reiecisti nos [3] populum tuum ; nunc ergo revertere et salva nos et mitte nobis [4] et tunc [5] obfirma miserationem tuam ;

5 et ne fiamus sicut terra Kerseson ‡, ex eo quod non gustavimus aquam et post multos dies ⌐operuit nos flumen [6] ; nunc autem ⌐migravimus ex ea, sicut est misericordia tua, domine [7] ; nam omne peccatum nostrum[8] non purum fit coram te. Eapropter abscondisti ossa Ioseph, fratris nostri ut sciamus malum nostrum. Nunc autem verte te et ⌐miserere nostri [9].

10 **35** * Et haec dicentes, dum flebat populus cum Moyse, illico veni, ⌐ego   * p. 20
angelus [1], et locutus sum Moysi, dicens ei : Moyse, Moyse [2], audivit [3]
Dominus luctum vestrum ; surgite et ite et percute baculo tuo aquam qui est in manu tua et absconditus thesaurus apparebit. ⌐O Maria [4], percutiente Moyse fluvium, ⌐apparuit in monte et venit ad aquam aridi

15 et [5] invenit illam chartam scriptam dicentem [6] : ossa Ioseph. Et sumpsit et duxit eam in terram, antequam eduxit filios Israel [7]. Ecce ergo, ostendi tibi, o Maria, virtutem meam, ⌐ne contristeris et locutus sum tibi quae ante me. Audi ergo nomen meum : Misericors ‡. Et mandavit[8] etiam ut daret apostolis ⌐et dixit ei [9] : Quia venient ad te sicut dixi tibi

20 et ipsi insuper ibunt tecum. Sume igitur hunc librum. Et ille angelus factus est lumen et ascendit in coelos [10].

36 [LIBER SECUNDUS] Maria autem rediit domum suam. Et tunc tremuit illa domus propter gloriam illius libri qui in manu eius [1]. Et ingressa est interius [2] in absconditum et reposuit illum librum, involvens

25 eum in sindone et vestem benedictionis eius [3] ‡ induit dicens: ⌐Benedico benedictum [4] ‡ qui creavit viventes, et benedico qui ⌐ostendit signum * ‡   * p. 21
e coelo super [5] terram usque quando creavit nos et habitavit super me.

[2] B ⌐om. — [3] B om. — [4] B add. angelum tuum bonum qui revelet nobis — [5] B nunc — [6] A ⌐operuit flumina. III *Reg.*, XVIII, 41-46. — [7] B ⌐transire fac a nobis iram tuam et sic est misericordia tua, domine, veniat super nos — [8] B om. — [9] B ⌐salva nos.

35 [1] B ⌐om. — [2] B ter (Moyse) — [3] B audiens audivit — [4] B ⌐Nonne, o Maria — [5] B ⌐deinde apparuit illa arca immersa in aqua et adduxit eam ad oram profundi et Moyses aperiens — [6] B add. haec sunt — [7] Hic desinit secundum fragmentum a WRIGHT editum — [8] B ⌐ne contristeris locutus sum tibi et quae ante hoc nonne audivisti nomen meum ? Vade igitur, audi : Atodonāwol est nomen meum, o reverende. Haec [dum] dicebat angelus, mandavit — [9] A ⌐om. — [10] B coelum.

36 [1] B add. tremuit — [2] B add. domus suae — [3] AB sic (mascul.) — [4] B primogenitum — [5] B ⌐qui signum ostendit e coelis super

Benedico nativitatem ‡ tuam quae splendet et non apparet, quae a te
exit sicut manus tua exit et ⌐te solum adducunt ⁶ ‡; benedico te, quia
numerasti me in *illud* quod est ⌐corpus tuum et elegisti sanctitatem
meam per verbum tuum ut eligeres me ad quae venit benedictionem
tuam et ad sacrificium in bonum odorem tuum ⁷ ut accipiam quod est 5
statutum omni saeculo.

37 Benedico te ut des mihi vestimentum meum quod dixisti mihi
dicens : quia per illud distingueris ‡ a cognatis tuis ⌐et fecit ut introirem
in septimum coelum ut decet me in prima benedictione tua ¹ cum
omnibus qui credunt in te ut reducas ² eos in regnum tuum. Nam abs- 10
condita sum cum absconditis tuis ‡. ⌐Video quae non apparent ³ ‡ ⌐et
tu es filius absconditi ⁴, tu antequam concepi te et omnes qui confidunt
in te. Audi orationem ancillae ⁵ tuae Mariae, quae clamat ad te, audi mihi
vocem meam et mitte bona tua super me. Et nulla potestas veniat super
me in illa die, quando ⌐exibit anima mea e corpore meo ⁶; sed adimple 15
mihi quae dicta sunt a te ⁷, dum dicebam : Quid faciam quoad potestatem quae transibit super animam meam et dixit ⁸ mihi dicens : Noli
flere, o Maria mater mea, nequaquam angeli venient ad te et archangeli et
* p. 22 cherubim * et seraphim, neque alia potestas, sed ego ipse veniam super
animam tuam. Nunc autem prope est via descensus eius ⁹ ‡. Benedico 20
te ¹⁰ et tres servos tuos qui mittuntur ad te ‡ ut serviant ⌐in via ¹¹‡.
Benedico te, o lumen saeculi in quo tu habitas ; benedico omni plantatio-
ni manus tuae, quae manet in saeculum. Sanctus, sanctus, sanctus qui
habitat ¹², audi mihi orationem meam ⌐in saeculum saeculi. Amen ¹³.

38 Et haec dicens Maria, exivit et dixit uni ancillae domus ¹ : Vade 25
ergo et voca cognatos meos et qui cognoscunt me dicens : Maria vocat
vos. ⌐Et iens illa ancilla, vocavit eos ². Et ingredientibus illis domum
dixit Maria : Patres mei et fratres mei, adiuvate ergo me vos, quoniam
cras egrediar e corpore meo et ibo in requiem aeternam. Surgite ergo et
facite mecum magnam caritatem ³ hominum. Nam non aurum quod 30
rogo a vobis, neque argentum ; haec enim omnia vana ⁴ sunt et impura,

⁶ B ⌐et ad te, ad te solum veniunt — ⁷ B ⌐corpus et virtutem tuam sanctam per verbum
tuum ut ostendas mihi perfectam benedictionem et sacrificium in bonum odorem tuum
37 ¹ B ⌐et fecisti ut intrarem usque in septimum coelum ut convenit mihi illud mysterium tuum, benedico te ut convenit mihi in prima benedictione tua — ² B introducas —
³ B ⌐ostende quae apparent — ⁴ B ⌐tu es ad absconditum (?) etiam absconditus tu es —
⁵ B matris — ⁶ B ⌐quando e corpore meo. (A omittit subiectum ; in B verbum deest) —
⁷ B add. quando flevi ad te — ⁸ B dixisti — ⁹ B om. — ¹⁰ B om. — ¹¹ B ⌐in tribus viis —
¹² B add. in altis — ¹³ B ⌐om.
38 ¹ B add. suae — ² A ⌐om. — ³ A om. — ⁴ B mala

sed unum quaero a vobis, caritatem hominum ut faciatis [5] hic hac nocte,
unusquisque vestrum sumat lapada nec sinat usque ad tertiam diem
exstingui. Et loquar vobis omnem [6] caritatem meam, antequam vadam
ex hoc loco. Et fecerunt omnes sicut dixerat illis et datus est nuntius
5 omnibus cognatis Mariae et iis qui cognoscebant eam.

39 Et vertens se Maria vidit omnes adstantes et levavit faciem suam
voce [1] dicens : Patres mei et fratres mei, adiuvemus nos invicem et
accendentes lampades nostras vigilemus, quia nescio * qua hora ‡ vox   * p. 23
veniet [2], nescio, ⌐fratres mei [3], quando vadam, et nescio sagittam quae
10 in manu eius ‡. Et ego quoque, fratres mei, notum fecerunt mihi quando
vadam. Et quoque non venit [4] paulum ad omnes ‡. Sed ille qui insidia-
tur omnibus ⌐quos debellat [5], in iustos non possunt [6]; sed in illos qui
non credunt, ⌐vult operari in illos [7], sed in iustos non potest, quia non
datur quod habeat cum eis, at confusus recedit ab eis.

15 **40** Etenim ⌐tres angeli ex eis veniunt [1] ad filium hominum, unus ⌐ius-
tus et alter peccati [2] ingrediuntur cum morte; et quando adigit mors [3]
ad exeundum ⌐illam animam [4], veniunt etiam ambo angeli [5] ⌐et palpant
corpus eius [6] et si dantur opera ⌐ bona et iustitiae [7], ⌐gaudet ob illud
angelus iustitiae [8], quia non inventum est in ea *peccatum* et vocat socios
20 suos angelos et veniunt ad illam animam angeli et cantant coram ea
usque in locum iustorum omnium [9]; tunc flet angelus peccati, quoniam
non invenit portionem suam in illa. Et si invenit in illa opera mali,
gaudet et ille et sumit secum alios septem angelos et prehendunt eam
et deducunt [10] illam animam, angelus autem iustitiae flet abundanter.
25 Et nunc ergo, patres mei et fratres mei, ⌐nemo *sit* in quo inventum
est malum [11]. Et dum haec dicebat Maria, dixerunt ei mulieres :
Soror nostra, tu quae facta es mater totius saeculi, etsi nos omnes timemus, ⌐quae facta es tu, tu * times [12], mater domini nostri. Vae autem   * p. 24
nobis; quo oportet nos fugere, ⌐quando veniet nobis hoc [13]. Et spes
30 quidem nobis omnibus patientia. Et si nos peccatores humiliamur,
quid faciemus et quo fugiemus; et si pastor timet lupum, quo ergo

---

[5] B add. mecum — [6] B om.

39 [1] B add. suavi — [2] A om. — [3] B ⌐fratres mei et patres mei — [4] B venit (perfect.)
(A venit) (imperfect.) — [5] B ⌐qui exeunt — [6] B potest — [7] B ⌐et voluntatem eius non
faciunt in illos.

40 [1] B ⌐duo angeli veniunt — [2] B ⌐iustitiae et alter peccati et — [3] B add. eam —
[4] B ⌐om. — [5] B add. ut deducant animam — [6] B ⌐om. — [7] B ⌐iustitiae *in* corpore nostro
— [8] A ⌐om. — [9] B om. — [10] B om. — [11] B ⌐nihil quod inveniatur super vos malum —
[12] B ⌐quid tibi, tu quoque times — [13] B ⌐ab hoc quod veniet nobis

fugient oves ? Et fleverunt inde omnes qui stabant [14]. Et dixit eis Maria:
Silete ergo, fratres mei et nolite flere, sed laudate eum ‡ qui est in
medio vestrum hac hora. Et supplico vos ut non deficiatis, quia hoc est
gaudium virginis Dominus [15], sed psallite loco fletus ‡ ut sit [16] super
omnes coelos Domini et loco fletus sit [17] benedictio.   5

41 Et propter istud ego quoque timeo, quia non [1] credidi ‡ domino
meo, una prorsus die, ecce ego dico vobis ⌐quoad peccatum [2] ‡ : quando
fugimus, ego et Ioseph et duo filii eius, factus est stupor ⌐super me [3]
et audivi vocem pueri post me dicentem : ⌐ne fleas et ne ulules, videtis
et non videtis, auditis et non auditis [4]. Et his dictis, verti me ret- 10
rorsum ut viderem quis locutus esset mecum ; et tunc ⌐reversus fuit [5]
et nescivi quo abiverat. Et dixi ad Ioseph : Eamus ex hoc loco,
quoniam vidi ego puerum ⌐qui e saeculo [6] ‡. Et quando ⌐vidi hoc [7]
tunc apparuit mihi et inveni quod filius meus erat et dixit mihi [8] :
Maria, mater mea, imputatum est ⌐omne peccatum [9] ‡, quia gustasti 15
*p. 25 amarum sicut dulce. Non credidi * ‡, fratres mei, quod tantam gloriam
invenirem ; ⌐quando enim descendi [10], ‡ omnino nescivi menstrua mulierum ⌐et non propter eum [11] ; nunc autem intellexi [12] ; et hoc factum
est omne et dixit mihi omnia et narravit mihi inde quod potestas eius
erat [13] in via ipsius, et omnis anima sperat ‡ ⌐et iustorum et peccato- 20
rum [14]. Et haec dicens Maria, vocavit cognatos suos et dixit eis : Surgite et orate. Et cum oravissent, sederunt et inceperunt loqui inter se
⌐magnitudinem [15] Christi qui [16] ‡ fecerat signa.

42 Et, ⌐quando illuxit [1] ‡, venit Ioannes apostolus et pulsavit ianuam
Mariae et aperuit ei ⌐una virgo [2] et intravit. Et quando vidit eum [3] Maria, 25
commota est in spiritu [4] et lacrymata est ⌐et non potuit inhibere lacrymas [5] et non potuit prae dolore suo semel silere [6] et clamavit magna
voce dicens : Pater Ioanne, memento eorum quae dixit tibi magister
noster quoad me in die qua exivit a nobis. Dixi ei : Quo vadis et cui
relinquis me et ⌐ubi remanes [7]. Et dixit mihi, te adstante et audiente, 30
quod Ioannes custodiet [8] te. Nunc ergo, o Ioanne, ne obliviscaris quae

---

[14] B add. illic — [15] B Domini — [16] B add. super omnem generationem terrae et — [17] B
⌐loco sit vobis (sic).

41 [1] B om. — [2] B ⌐quid est quoad leonem — [3] A ⌐om. — [4] B ⌐fletis et non videtis,
auditis et non auditis — [5] B ⌐raptus fuit — [6] B ⌐qui non e saeculo — [7] B ⌐aspexi — [8] B ad
eam — [9] B ⌐tibi hoc peccatum — [10] B ⌐usque quando genui eum — [11] B ⌐propter eum
— [12] B confidens sum — [13] Est ? — [14] B ⌐sive iustorum sive peccatorum — [15] B magnalia
— [16] B om.

42 [1] A ⌐om. — [2] A ⌐om. — [3] B Ioannem — [4] B add. suo — [5] A ⌐om. — [6] B siluit —
[7] B ⌐quo ibo ? — [8] B custodiat. *Ioa.*, XIX, 26-27.

mandavit tibi quoad me et memor esto quod te amavi [9] *magis quam*
illos. Memento dum reclinabas super pectus eius, eorum quoque memento. Et ⌐dixit et non alium quem vidit nisi ego et tu [10], quia tu es virgo et
madēweq ‡. Et Ioannes [11] incepit tristis esse, quia ⌐deduxit eum se-
5 cum [12]; ego dixi ei : Si nobis quidquam, dic mihi, o Ioanne, ne derelinquas me.

43 * Et haec dicens Maria, flevit ⌐voce submissa; et quoad Ioannem,   * p. 26
ille non sustinuit illud; etenim commotus est in anima sua [1] et ⌐nescie-
bat quid *illa* dicebat. Non enim dixerat quod exiret e corpore suo [2].
10 Tunc clamavit magna voce dicens : Maria, soror nostra quae facta es
mater duodecim [3] ‡, consilio faciebam tibi, quia reliqui qui ministraret
tibi ut praeberet tibi cibum tuum et non volebas transgredi mandatum
domini nostri quod mandaverat nobis dicens : Pertransite totum saeculum donec [4] pereat peccatum. Nunc autem notum fac mihi dolorem
15 animae tuae [5]. Et dixit ei : O pater mi Ioanne, fac mecum caritatem
hominum et custodi corpus meum, sed depone me in sepulcro et custodi
me cum fratribus tuis apostolis. Summos enim sacerdotes audivi dicentes : Et si invenerimus corpus eius, in ignem deiciemus illud, quoniam ille seductor exivit ex ea. Et haec audiens Ioannes, ⌐quod dixerat [6] :
20 Exibo e corpore meo, cecidit facie sua in dorsum eius et flevit dicens :
O domine, quinam ⌐nos et quidnam [7], quia fecisti videre mihi hanc
afflixionem, quoniam non obliti sumus prioris ut inveniamus alteram
afflictionem. Et quare non exeo ego e corpore meo ut tu provideas mihi.

44 Et Maria, quando audivit Ioannem [1] ita dicentem, et plorantem
25 supplicabat Ioannem multum dicens : O pater mi Ioanne, fer mecum ‡;
⌐fletus quidem paucus [2], quoad ⌐dedero tibi quod in domo est quod
dedit[3] mihi angelus. Et tunc surrexit Ioannes * et abstersit lacrymas * p. 27
suas et dixit illi Maria : Exi mecum. Et dixit illi : Dic [4] populo ut psal-
lant, quoad legerit Ioannes. Et dum psallebant, intravit interius Ioannes
30 et *illa* dixit ei : Oratio ‡ quae data est mihi ab angelo ut des apostolis. Et
extraxit ei [5] capsam ‡ in qua ille liber [6] et dixit ei : O pater mi Ioanne,

---

[9] B amavit — [10] B dixisti ei nullus alius qui vidit eum, nīsi ego et tu; (A nisi me et te?)
— [11] A om. — [12] B ⌐scivit quia *illa* transiret.

43 [1] B ⌐voce submissa locuta est illi; sed Ioannes non sustinuit et commotus est in
spiritu suo — [2] B ⌐et nescivit quid dixisset sibi, sed quod exiret e corpore suo — [3] A
habet «duodecim» in margine scriptum; B add. tribuum. — [4] B quia — [5] B meae — [6] B
⌐flevit ut dixerat — [7] B ⌐nos hodie.

44 [1] B om. — [2] B ⌐cum fletu tuo paulisper — [3] B ⌐dixero tibi omne quod dedit —
[4] B ⌐et dic — [5] B om. — [6] B add. erat

accipe hunc librum in quo est mysterium. Nam, quando erant quinque
anni magistro nostro, ostendit nobis omnem creationem ‡ et posuit et
nos duodecim ⌐in illo ⁷. Et *illa* ostendit ei *quae de* funere suo et omnia
necessaria ad pollincturam suam, dicens : Pater mi Ioanne, omnia ostendi tibi, sed scio ⁸ quod non habeo in hac domo magna nisi *vestimenta*   5
funebra mea et duo tegumenta; ⌐et si ⁹ dantur hic duo pauperes ‡,
quando exiero e corpore meo, ut des illis singulis.

45 Et post haec introduxit eum ad illum librum qui datus ipsi fuit
ab angelo ut sumerent eum apostoli et dixit ei : O pater mi Ioanne,
⌐surge et ¹ sume hunc librum ut portetis illum coram loculo meo, quo- 10
niam ita datus est mihi ille. Et tunc respondit Ioannes et dixit : Soror
mea Maria, non possum accipere eum nisi venerint apostoli; non enim
sunt hic, ne, si venerint, sit murmuratio ²; nam exstat qui maior est me
cum illis ³, constitutus est magister super nos; et si venerint, erit bonum ⁴.   15

46 Et post haec intraverunt ambo simul et exeuntes ex interiori *loco*
magnus tremor factus est, ita ut commoverentur omnes qui erant in
*p. 28 domo. Et post illum tremorem descenderunt apostoli in nubibus * ⌐in
domum Mariae ¹ et decem ² in eis dum sedebant bini ³ in nube ‡. Et
primus Petrus et socius eius Paulus; ille quoque venerat in nube, quia 20
adnumeratus fuit cum apostolis, quoniam habebat fidem Christi cum
illis. Etiam alii apostoli venerant in nube. Et alii ⁴ ceperunt aspicere se
et mirabantur quod venerant insimul. Et dixit Petrus : Fratres nostri,
oremus ad Dominum qui fecit ut nos invicem obviam habeamus cum
fratribus nostris, qui luctati sunt nobiscum in gaudio animae ⁵. Vere 25
quidem ⁶ impleta est vox prophetae qui dixit : Ecce bonum et ecce
iucundum, quando sunt fratres insimul ⁷. Et dixit Paulus ⁸ Petro :
Invenisti testimonium quod in veritate. ⌐Ego enim sum gaudium additum ⁹ in fide fratrum. Et dixit Petrus ⌐per verba ‡ in oratione ¹⁰. Et
levarunt omnes simul una vocem omnes apostoli et dixerunt : Venite, 30
oremus ¹¹ ut sciamus quare congregaverit nos Dominus.

47 Tunc dum alii alios pro sua dignitate fratres honorabant, dixit
Petrus Paulo : Surge, ora ante nos eo quod gavisa est anima nostra

---

⁷ B ⌐secum — ⁸ B scito — ⁹ B ⌐quia.

45 ¹ B ⌐om. — ² B add. et molestiae inter nos — ³ B add. qui — ⁴ B add. super nos.

46 ¹ B ⌐ad ostium Mariae — ² B duodecim — ³ B singillatim — ⁴ B alia multitudo
— ⁵ B add. nostrae — ⁶ B add. fratres nostri. — ⁷ *Ps.,* CXXXII,1, — ⁸ B om. — ⁹ B ⌐et
verum est gaudium congregatorum — ¹⁰ AB sic. Videtur legendum esse : ⌐loquamur in
oratione — ¹¹ B add. coram nobis (vel ante nos)

hodie in fide Christi. Et dixit illi Paulus : Ignosce mihi, ecce nova planta
sum [1] et non est dignitas mea ut pulverem pedum vestrorum sequar.
Et quomodo ego praecederem vos orando ; nam ⌐vos estis [2] columna
lucis et omnes qui adstant fratres nostri meliores sunt me. Nunc ergo tu,
5 pater noster, ora [3] propter nos pauperes [4] ut gaudium Christi sit nobiscum. Et tunc apostoli gavisi sunt ob humilitatem eius et dixerunt
iterum : Tu ora ante nos, ⌐confisi sunt [5] ‡, dicentes : quia stetimus
super [6] te, * missi sumus unusquisque [7] sicut mandaverat secundum   * p. 29
uniuscuiusque mandatum et debemus observare gloriam orationis quam
10 docuit nos magister noster et diximus in corde nostro : ubi est Petrus
episcopus pater noster ut dicat hanc gloriam orationis et quis audebit
orare hic.

48 Et tunc oravit Petrus dicens : Deus noster ⌐Pater noster dominus
noster [1] Iesu Christe, ⌐glorificatus sicut glorificatum est meum minis-
15 terium [2], quia ego ⌐inter fratres meos ‡ a iuventute mea et ego facio [3]
sicut electum est illud. Et nos similiter una [4] congregatio ‡ quae facta
est in medio omnium nostrum, unusquisque aliorum locum glorificat [5],
et non filium hominum. Hoc enim est mandatum quod accepimus a
magistro nostro, ut invicem diligamus nos [6]. Benedicite mihi ergo, quia
20 hoc est quod placet vobis ‡.

49 Et extendit manus suas et dixit : Supplico te, dominator ⌐totius
saeculi [1], qui sedes super currum Cherubim et habitas in excelsis et
quae subtus scis [2], qui in lumine habitas [3] et ⌐quiescis in saeculum [4] ⌐in
mysterio abscondito quod e cruce ostendisti [5] ; hoc nos quidem facimus,
25 dum levamus manus nostras in similitudinem crucis tuae ut, per aspectum eius, requiem accipiamus et accipiant omnes requiem et des [6] iis
qui ⌐debent pati [7] ‡. Tu solvis opus arduum ; tu ostendisti thesaurum
absconditum, tu es qui plantasti nobis Messiam tuum. Et quis ex diis
⌐est ut tu ? Tua potestas non recedat a nobis et quis misericors ut tu si-
30 cut Pater tuus et sicut salvasti a malo eos qui credunt in eo, voluntas tua
vicit eum ‡ et desiderium fidei tuae * vertit errorem [8]. Et puchritu-   * p. 30

---

47 [1] B vidimus (sic !) — [2] B ⌐tu es — [3] B ora et roga — [4] B om. — [5] B ⌐confisi sumus
(?) — [6] B ante — [7] B add. ad praedicandum unicuique.
48 [1] B ⌐et pater noster et dominus noster — [2] B ⌐glorificavit me sicut gloriam mei
ministerii — [3] B ⌐fratres et minimus sum et fac (sic) — [4] B est — [5] B glorificet — [6] Ioa.,
XV, 12.
49 [1] B ⌐omnium — [2] Ps., CXII, 5-6, — [3] I Tim., VI, 16 — [4] B ⌐quiescere facis
saeculum — [5] B ⌐mysterium absconditum quod (qui ?) e cruce tu ostendiste nobis — [6] B
das — [7] «debent pati» est interpretatio valde incerta — [8] B ⌐misericors ut tu, tua potestas

dine tuae nihil pulchrius et humilitas tua labi fecit superbos. ⌐Qui vivens
es, et fregisti mortem; ⌐gloria unici qui cum quiete et exstirpasti mortem, gloria unici qui cum Patre, gloria misericordiae qui missus es a
Spiritu Sancto, Māruyāl ‡, Māruyāl, Mārenātā, Beyātār [9], ex nunc et
usque in saeculum saeculi. Amen.   5

50 Et ⌐cum dixissent amen [1], salutaverunt se invicem. Et tunc cum
se salutavissent unanimiter, tunc, dum Andreas et Petrus erant simul,
venit Ioannes in medio eorum et dixit : Benedicite mihi, omnes vos.
Et tunc salutaverunt eum omnes ⌐secundum uniuscuiusque dignitatem[2].
Et postquam salutaverant dixit Petrus : Andrea et Ioanne ‡, dilecti 10
Domini, quomodo obviam venistis hic ? Quot ergo dies tibi ? Et dixit ei
Ioannes : Audite ergo quae mihi facta sunt : quando vos eratis in Nerdo [3]
regione ‡, fui docens duodetriginta ‡ qui crediderunt in Salvatore
nostro qui tenuerunt me et elevatus sum coram eis hora nona et descenderunt [4] nubes in loco ubi vos congregati et sustulit me coram omnibus 15
qui erant mecum et adduxit me huc et pulsavi ostium et aperuit mihi [5]
puella et inveni homines apud Mariam sororem nostram. Et illa quidem
* p. 31 ⌐exibit e corpore [6]; et ego quidem non steti in medio illorum hominum *
qui stant apud eam ; et mihi gravis factus est super me fletus. Nunc ergo,
fratres mei, si exibitis crastina die, nolite flere et non sit tumultus. Si 20
enim fletis, magnus tumultus fiet; sic enim est quod docuit nos Magister noster; ⌐et si fuit quod [7] accubuimus super pectus eius in coena, si
venerint homines cum ea et viderint nos flentes, conviciabuntur nobis
in corde suo et dicent quod ipsi quoque timent mortem; sed ⌐visitemus
eam [8] cum verbo caritatis.   25

51 Et tunc coeperunt apostoli ingredi domum Mariae et dixerunt una
voce : Maria, soror nostra et mater quoque eorum qui salvati sunt,
gaudium tecum. Et dixit eis Maria : Quomodo intrastis huc [1] et quis hic
locutus est vobis ⌐de me [2] quod egrediar e corpore meo ? Et quomodo
invenistis vos simul ? Nam ecce video [3] vos tristes. Et ⌐dixerunt : Et 30

non recedit a nobis, et quis est misericors ut tu; tuus amor hominis non recedit a nobis;
et quis misericors ut tu; sicut salvavit pater tuus a malo illos qui credunt in ipso, voluntas
tua vicit saeculum et desiderium fidei tuae vertit errorem — [9] B ⌐qui vivens es, domine,
et vicisti mortem, qui requies es et exstirpasti tenebras, gloria unici qui (quae ?) cum
patre, gloria misericordiae quae (qui ?) missa est ex apud spiritum veritatis pater Māruyal,
Māruyal, Mārinātā, Beyātār.

50 [1] A ⌐om. — [2] B ⌐sicut iussi fuerant — [3] B Nedor — [4] B descendit — [5] B om. —
[6] B ⌐dixit mihi, quia exibo e corpore meo — [7] B ⌐quando — [8] B ⌐mites nos praebeamus
Mariae

51 [1] B om. — [2] B ⌐om. — [3] B facio

nemo omnino reliquit oppidum suum et venit et quomodo venerunt et quod nubes rapuit ipsos [4] et adduxit eos huc. Et tunc laudaverunt eam [5] omnes a Petro usque ad Paulum dicentes : Benedicat tibi Dominus qui potest salvare omnes.

5 **52** Et tunc Maria gavisa est in spiritu [1] et dixit : Benedico ei qui gubernat ⌐omnem benedictionem [2]. Benedico magnum Cherubim lucis, qui fuisti habitaculum in ventre meo ‡. Benedico omne opus manuum tuarum quod obedit ⌐omni mandato [3]. Benedico amorem *quo* amavit me. Benedico verbum vitae quod ⌐exire fecisti e corpore tuo, quod datum 10 est nobis in veritate [4]. Sed credo ⌐omnia quae dixisti mihi evenient [5] quia ⌐dixisti mihi, * quod omnes apostolos mittam ad te [6], quando exibis *p. 32 e corpore tuo. Et ecce congregati sunt [7] et in medio eorum sum sicut vitis quae fructificat in diebus suis, sicut [8] quando fuimus apud te ; et similiter vitis ⌐in medio angelorum tuorum, dum subiugas inimicos tuos 15 omnibus operibus tuis [9]. Benedico te in omni benedictione. Quae dixisti mihi eveniant ; nam dixisti [10] : quia videbis me cum apostolis meis, quando exibis e corpore tuo.

53 Et haec dicens Maria vocavit Petrum et omnes apostolos et introduxit eos in interius et ostendit eis *quae* funeris sui, quibus pollingerent 20 ipsam. Et post haec exierunt et sederunt in medio omnium qui accenderant *et* [1] non siverunt extingui ut mandaverat ipsis Maria.

54 Et quando occidit sol in die secunda in qua ⌐intrat tertia, dum in eo erat ut exiret [1] e corpore suo, dixit Petrus omnibus apostolis : Fratres mei, qui habet verbum pueris ‡, dicat etiamsi [2] tota nocte quoad oritur 25 sol. Et dixerunt apostoli : Quis est sapientior te ? Nos enim omnes parvi coram te.

55 Tunc incepit Petrus dicere illis : Fratres mei omnes, qui estis in [1] loco hac hora super hanc amatricem hominum, matrem nostram Mariam qui accendistis lampades visibiles ⌐e terra, hoc [2] bene fecistis ; et volo 30 ego quoque ⌐ut unus sumat lampada hominis [3], et haec est lampas illius

---

[4] B ⌐dixit ad illos unusquisque eorum regionem ubi manserat et quomodo venit nubes rapuit ipsos   [5] A eum.

52 [1] B add. suo — [2] B ⌐in omni benedictione — [3] B ⌐om. — [4] B ⌐quod exivit e ventre meo, vita quae exivit e corpore meo quae data est nobis benedictio in veritate — [5] B ⌐quia quae dixisti mihi omnia evenient mihi — [6] B ⌐sicut dixisti mihi : mittam omnes apostolos ad te — [7] add. omnes — [8] B om. — [9] B ⌐in medio angelorum suorum, dum subiugat inimicos suos omnibus operibus suis — [10] A om.

53 [1] B quia

54 [1] B illucescit tertia in qua exitura erat — [2] B om.

55 [1] B in hoc. — [2] B ⌐postquam hoc — [3] B ⌐ut tres sumat lampades omnis homo

* p. 33 qui vestivit hominem ‡, * quae *est* trium saqā ‡, id est anima nostra et
corpus nostrum et spiritus noster, qui lucent trini a vero igne ; quod ego
nunc glorior et non confundor, quia ingrediemini in nuptias, sed ingrediemini et quiescetis cum sponso. Ita enim sororis nostrae Mariae lumen
lampadis ⁴ implevit saeculum et non exstinguetur usque in completio- 5
nem dierum ; quia qui sibi proposuerunt salvari, sument fiduciam ‡ ex
ea ; et si sumpserint aspectum luminis, accipient et requiem eius ⁵ et
benedictionem eius ⁶.

56 Vos autem fratres nostri, nolite putare hanc ¹ quod sit mors ; non
est mors, sed vita in saeculum est. Nam mors quoque benedicit iusti- 10
tiam ² coram Domino ; quia haec est gloria eorum. Et altera mors non
potest adigere eos ‡. Vos quidem ⌐non creditis ³ compertum est mihi
et qui mecum sunt apostolis. Et si cognovissetis mortem primam, ecce
dicerem vobis alteram mortem ; sed dicerem alteram mortem, quod si
non adsit qui audiat. Sed Deus ⁴ Pater et non Spiritus ‡ nunc qui est 15
in medio nostrum, ille etiam expetit ministerium suum, ⌐et etiam ⁵
convenit nos audire ⌐quod non auditur [ab] illis qui non sunt digni et
non volunt audire ⁶.

57 Tunc Petrus levavit manus suas et dixit : Prima mors unde est ?
* p. 34 Et dum ita loquebatur, magna lux * splenduit in domo in medio om- 20
nium, ita ut obscuraret lumen lampadum eorum et venit vox dicens ¹ :
Nemini dicas, quia non estis soli. Et haec verba loquere in signo quod
possunt ferre. Nam aegroto medicus medicatur ² secundum aegritu-
dinem eius et puerum quoque educat nutrix ⌐ad pueritiam eius ³.

58 Petrus levavit vocem suam et dixit : Benedico benedictum, bene- 25
dico te, qui salvasti animam nostram ut doceres ¹ nos ⌐bene duxisti ²
ut non laboremus in malo abysso. Benedico ⌐tubam linguae nostrae ‡
cuius novimus fidem ³. Et vertit se et dixit illis : Vos homines fratres
nostri, non est nobis potestas ut loquamur quae volumus sine ⌐operibus
omnis boni, dum dispensationem nostram custodimus inter nos ⁴.   30

59 Et his dictis, surrexerunt singillatim viginti et una virgines ‡,
ceciderunt sub pedibus Petri dicentes : Supplicamus te, pater noster,

---

⁴ B add. eius — ⁵ B om. — ⁶ B om.

56 ¹ B add. mortem — ² B iusto — ³ B ⌐hoc scitis (?) — ⁴ Dominus — ⁵ B ⌐om. — ⁶ B
⌐quod non audierunt qui non sunt digni et volunt audire.

57 ¹ B add. Petre, vide et — ² A om. — ³ B ⌐om.

58 ¹ A doceres (aut miserearis ?) — ² B ⌐bene docuisti nos — ³ B ⌐tubam linguae illius
qui ostendit nobis fidem suam — ⁴ B ⌐operibus omnis boni, ille nos dispensabit omnem
bonam dispensationem nostram custodire inter nos.

fac nobis ut veniamus in magnitudinem Christi ⌐et eorum qui noti sunt
illi [1]. Et tunc surgere fecit eos Petrus dicens : Audite me, ⌐gaudium nostrum et gloria honoris nostri [2]; nolite putare quod vox locutionis mani-
festat se propter vos; ⌐non sic *est* [3]; sed qui extra vos stant, qui non sunt
5 digni mysterio. Et vos digni estis et *est* pro omnibus *qui* custodierunt [4]
imaginem infantiae suae. Nam gloria vestra non est huius saeculi.

60 Audite ergo et discite quid dicit [1] vobis Magister noster : Simile
est regnum coelorum virgini [2]. Non quidem dixit : Simile est diebus;
nam * dies sane pertranseunt. Et non assimilavit divitibus, quia divitiae   * p. 35
10 quoque pertranseunt, virgo autem permanet [3]. Sed scitote quod laudabilis [4] est; eapropter assimilavit perite regno coelorum. Et propterea
nihil solliciti eritis, ⌐quando mittet [5] super vos ‡, ⌐non dicetis [6] : fac
nobis [7], quo ascendemus et quo descendemus et labor noster filii [8] et
divitiae magnae et quorum germinant praedia, quorum magnae sunt
15 opes; non quidem datur qui de istis curet. De cura nihil vobis nisi de
virginitate vestra. Et quando mittet [9] ad vos, tunc parati inveniemini,
dum non estis [10] ‡. Et quae vestra est levis est vestra virginitas. ⌐Videte
quidem, fratres nostri, quia nihil dulcius nisi virginitas [11]. Sustinete ergo
et revelabo vobis [12] quae revelata sunt mihi [13] et attendite ut sciatis
20 quod nihil levius nomini virginitatis et nihil quod gravius est homini
⌐saeculi, ut gaudeatis [14] : ‡

61 Et erat quidam homo in oppido dives cui multae possessiones et
criminarunt servi ⌐in eum [1]; et quando non audierunt ⌐vocem eius [2],,
iratus est eis dominus eorum et relegavit eos in regionem longinquam
25 ⌐ad multum temporis [3]. Et postea vocavit eos. Ex illis qui peccaverant
et ex illis qui relegati fuerant, prior aedificavit [4] sibi ⌐domum et plantavit [5] vitem necnon pistrinam et alias quoque multas divitias fecit. Et
alter servus fecit aurum mansit ‡ et advocavit aurificem et conficere
fecit sibi torquatum ‡ aureum dicens illi aurifici : * Ego quidem servus   * p. 36

---

59 [1] A ⌐et qui noti (*vel* quae nota) sunt illi; B ⌐et eorum qui noti (*vel* quae nota) sunt
illi — [2] B ⌐gaudium et gloriam et honorem — [3] AB erronee scribunt : nonne sic ? — [4] B
custodiunt

60 [1] B dixit — [2] *Matth.*, XXV, 1 — [3] B non pertransit — [4] B benedictus — [5] A ⌐quia
misit — [6] B ⌐eripientur (sic) — [7] B om. — [8] B om. — [9] B mittitur — [10] AB quaedam
desunt; graecus textus scribit : in nullo deficientes — [11] B ⌐add. — [12] B add. fratres mei
— [13] A om. — [14] B ⌐sicut gavisus est in saeculo.

61 [1] B ⌐domus eius — [2] B ⌐om. — [3] B ⌐et per multum temporis manserunt — [4] B
puerum (sic) — [5] B ⌐om.

sum et habeo dominum et filium et quod feci coronam ‡. Et cum audivisset aurifex, confecit sollerter.

62 Et post haec venerunt dies eorum et misit dominus eorum hominem et dixit ei : O tu et o ego, intra septem dies si non adduxeris eos,
super te erit. Et tunc exivit ille qui missus est, festinans ⌐et ivit ¹ in 5
illud oppidum ut inveniret eos, sive die sive nocte. Et quando cepit eos
dixit eis : dominus vester ² misit me ad vos. Et deinde dixit illi qui acquisiverat domum et vineam, aliasque divitias ⌐et dixit ei ³ : Eamus
ergo, tu serve. Et dixit : Eamus; sed patientiam habe in me, quoad
vendidero omnes opes meas, quas acquisivi hic. Et tunc dixit ei ille qui 10
ipsi obviam venerat : Non possum ⌐exspectare te et ⁴ patientiam habere
in te. ⌐Usque in ⁵ septem dies accepi stipulationem et temporis decursum
et non possum expectare te. Et tunc flevit iste servus dicens : Vae mihi,
quia haec omnia relinquo; vae mihi quia paratus non inventus sum.
Et dixit ei ille praepositus : O serve male, manifesta est cupiditas tua. 15
Et quando voluit dominus tuus et misit ad te, quare tibi plantasti vineam in ⁶ terra et non inventus es paratus, usque quando venirem ad te ?
Et tunc flevit ille servus et dixit : Vae mihi, putavi *quod* semper mane-
rem in hac regione ulteriori. Et si scivissem quod vult me dominus meus,
non fecissem tantas divitias hoc in oppido. Tunc ille missus eduxit eum, 20
dum nihil sumpsit secum.

* p. 37   **63** *Dum ducebat eum, audivit et ille alter servus ¹ et surrexit et posuit
in capite suo coronam et ivit in via ² per quam transiret ille viator, ac-
curate observans eum. Et quando introivit missus, dixit ei : dominus
tuus misit me; eamus ergo cum gaudio. Nam nihil habes ⌐et quod habes 25
leve est ut nihil. Et dixit : Non habeo hic ³ nisi hanc tantum coronam
auream. Eapropter ⌐operari feci ⁴, sperans omni tempore et orans ut
fieret mihi misericordia et mitteret dominus meus et exciperet me ex
hac ulteriori regione; nam dantur qui me odio habent et abripient a me
hanc coronam. Nunc ergo audi mihi orationem meam et surge eamus. 30
64 Et tunc ambo servi exierunt cum illo provisore. Et cum vidisset
eos dominus eorum, dixit illi qui acquisiverat praedia ¹ : Ubi sunt quae
⌐acquisivisti et ² quae operatus es tanto tempore in *terra* illa ulteriori ?
Respondit ille servus et dixit : Domine mi, misisti ad me militem qui

62 ¹ B ⌐add. — ² A eorum — ³ B ⌐om. — ⁴ B ⌐om. — ⁵ B ⌐quia — ⁶ B add. hac.

63 ¹ B add. quia missus fuit ad se — ² A om. — ³ B ⌐Et dixit illi : Nihil quod habeo
et quod habeo leve est. Eamus cum gaudio, et quod habeo est quasi nihil, quia nihil habeo
— ⁴ B ⌐non operatus sum.

64 ¹ A om. — ² B ⌐om.

non miseretur mei [3] et supplicavi eum ut patientiam haberet in me et
venderem quae mihi et non confunderer et possiderem ⌐in manu mea [4].
Et tunc dixit ei dominus eius : Serve nequam, nunc quidem in mente
habuisti quod venderes, quando misi [5] ad te. Quare non respicisti in
5 *terra* ulteriori et ibi non curasti de me quoad opes? Et iratus est ei et
iussit ligarent manus eius et pedes eius et ⌐mitterent eum [6] in aliam
regionem [7]. Et secundo vocavit illum qui coronatus erat corona et dixit
ei: Serve bone et fidelis, * exoptasti libertatem ⌐ex quae facta est tibi   * p. 38
corona, quia corona liberorum est [8]. Et ausus es induere eam antequam
10 scribatur tibi a domino tuo. Nam non potest servus liberari nisi a
domino suo. Et sicut desiderasti [9] illam libertatem invenies apud me.
Tunc libertatem dedit ei et constituit [10] super multa.

65 Et haec dixit Petrus illis qui cum Maria erant ⌐fratribus et vertit
se ad eos et dixit : Audite me, fratres nostri [1], quid venit super vos, quia
15 haec virgo vero sponso et [2] Domino super omnem creaturam. Vos quidem estis genus filiorum hominum quibus prius iratus est Dominus eos-
que posuit in saeculo ut *in* domo carceris et ut spolia in saeculo ⌐illis
quibus [3] permittitur ‡ in nos propter illud. Venient autem dies ultimi
et migrabitis ubi sunt patres nostri pristini [4] Abraham [5], Isaac et Iacob
20 et ibi erit unusquisque [6] in consummatione. Et ⌐non missus est [7] ad eos
⌐durus angelus [8] mortis. Et quando venit [9] super animam peccatorum,
afflictione affligit [10] eos multum peccatum et adigit [11] eos magnopere.
Tunc supplicat Deum [12] dicens : Patientiam habe de me paulisper modo,
quoad redemerim peccata mea quae seminata sunt in corpore meo. Sed
25 illa mors non sinit ei [13] et quomodo quidem qui plenus est peccatorum,
dum nihil habet iustitiae, adducent eum in vallem tormenti. Si autem
habet opera iustitiae, gaudet dicens : * Nihil ⌐mihi, virginitas mea me-   * p. 39
cum [14]; ⌐et supplicabit eum dicens : Noli relinquere me in hac terra,
quia dantur qui odio me habent in hac terra et arripient a me nomen
30 virginitatis meae [15]. Tunc exit anima [16] e corpore eius, adducunt eam
ad sponsum cum psalmis usque ad locum Patris. ⌐Et quando videt eam

---

[3] B om. — [4] B ⌐in [manu mea?] quae habeo quae expediunt tibi — [5] B intravi (sic) —
[6] B mitteretur — [7] B add. malam — [8] A ⌐et deinde facis coronam, liber est — [9] B misisti
— [10] B constitutus est.

65 [1] B ⌐add. — [2] B om. — [3] B ⌐sed — [4] B om. — [5] A om. — [6]B omnes tres (sic)
— [7] B ⌐mittetur — [8] B ⌐duri angeli — [9] B veniunt — [10] B affligunt — [11] B adigunt —
[12] B angelum — [13] B om. — [14] B ⌐accidet mihi, quia non habeo nisi virginitatem — [15] B
⌐add. — [16] B spiritus

Pater [17], gaudet et sedere facit eam cum aliis animis. Nunc ergo, fratres mei, scitote quod non manebimus [18] hoc in saeculo.

66 Et haec dicens Petrus usque ad noctem, dum perseverabat populus, ortus est sol. Et surrexit Maria et exivit foras et oravit dicens orationem suam ‡. Et post orationem suam [1] ⌐intravit et accubuit [2]. Et ⌐imple- 5 tum est ab ea illud ministerium [3] ‡. Nam sederunt ad caput eius Petrus et ad pedes eius Ioannes et reliqui apostoli et circumdabant circa lectum. Et illa hora diei terraemotus factus est et odor bonae suavitatis ac ut paradisi odor ille [4]. Et cepit somnus omnes qui stabant apud Mariam, exceptis tantum virginibus, fecerunt ut non dormirent ut testes fierent 10 de pollinctura Mariae et de gloria eius.

67 Et dominus noster Iesus Christus venit in una [1] nube cum multis angelis quibus non erat numerus ⌐et intravit [2] in interius ubi Maria erat, ⌐et ipse Iesus et Michael psallebant cum angelis, steterunt foris ex inter-
* p. 40   iore. Et quando ingressus est Salvator ad Mariam [3] * salutaverunt se 15 omnes. Et post hoc salutavit *ipsa* Maria quoque et aperuit os suum Maria ⌐in benedictione [4] dixit : Benedico [5] qui locutus est mihi et non decepit me et ⌐locutus est quoque [6] quod non relinqueret angelos super animam meam [7], sed ipse veniret [8] super me ⌐et factum est mihi [9], do- mine, sicut locutus es. Quaenam ego pauper, ⌐quia parata est mihi talis 20 gloria [10]. Et haec dicens, implevit ministerium [11], non avertens faciem suam a Domino [12]. Et tunc sumpsit [13] animam eius et deposuit in manu Michaelis et involverunt eam in sindone cuius impossibile est tacere de gloria.

68 Et vos quidem apostoli vidistis spiritum Mariae, dum dabatur in 25 manus Michaelis, perfecta ⌐et sancta [1] forma, sed corpus eius quod feminae et quod viri, excepto tamen uno, at dum ista similis erat omni corpori et candida septem cubitis ‡.

69 Et Petrus gavisus est et interrogavit dominum nostrum dicens : Quis sane nobis cuius ⌐vestimentum candidum sicut illud [1] Mariae ? 30

---

[17] B ⌐om. — [18] A maneamus.

66   [1] B om. — [2] A ⌐accubuit et intravit — [3] B ⌐transierunt ab ea illi angeli — [4] B add. suavis.

67   [1] B om. — [2] B ⌐add. — [3] B ⌐ipse Jesus, Michael et angeli dum psallebant foris steterunt ex interiore, et quando intravit salvator invenit apostolos apud Mariam — [4] B ⌐et benedixit — [5] B add. benedictum — [6] B ⌐locutus est mihi quoque dicens — [7] B tuam — [8] B venit — [9] B ⌐om. — [10] B ⌐om. — [11] B add. suum — [12] B domino — [13] B add. Domi- nus (sic).

68   [1] B ⌐om.

69   [1] B ⌐anima candida sicut illa

⌐Et dixit ei ² : O Petre, omnes electi qui sunt hic mittur *eis* talis anima ³, quia e sancto loco egreditur ⁴; ⌐sed, quando ⁵ e corpore exeunt suo non inveniuntur ⁶ et non candidi sunt, quia alii missi sunt et alii inventi sunt; quia dilexerunt ⌐orationem magis quam peccatum ⁷ ‡. Et si quis

5 custodivit * se sicut⌐diebus priscis ⁸, ⌐et dedi vobis signum ⁹ ‡, egrediens * p. 41 e corpore suo similiter ¹⁰ invenitur candidus.

70 Et dixit Petro Salvator : Educite ¹ corpus Mariae, ad transeundum festinabis ² et egredere a sinistra ³ ‡ civitatis et invenies sepulcrum novum et ibi pone corpus eius et custodi ⁴ illud sicut mandavj

10 vobis. Et his dictis, corpus eius clamavit e splendore : Memento mei, o domine rex gloriae, quia imago tua sum. Memento mei, quia custodivi qui datus mihi fuit magnum thesaurum. Et tunc dixit Iesus corpori eius : Non relinquam te, margaritam thesauri mei novam, absit, non relinquam te, sanctuarium Domini ‡ clausum, absit quia non relinquam

15 veram arrhabonem ‡; ⌐absit, quia non relinquam quae duxit ‡ quinque custodes; absit, quia non relinquam thesaurum sigillatum, usque quando quaerat ⁵ ‡.

71 Et his dictis, fragor factus est et Petrus et alii apostoli et tres virgines pollinxerunt corpus Mariae et posuerunt illud ⌐in lecto ¹. Et

20 post haec qui dormierunt surrexerunt. Et Petrus attulit illum librum et dixit Ioanni : Tu virgo et tibi dignitas quod psalles coram isto lecto ⌐quoad assumamur ² ‡. Et dixit ei Ioannes : Tu pater noster et ³ episcopus, dignitas tua quod coram ea sumas librum quoad venimus in locum. Et dixit illi Petrus : Quia ⌐si datur quis nostrum qui luget ⁴,

25 ligemus ‡ lectum Mariae ⁵. Et deinde, * quando surrexerunt ⌐apostoli * p. 42 qui portarunt ⁶ lectum Mariae, cantavit ⁷ dicens : Quando exeunt Israel de Aegypto ⁸, alleluia.

72 Et Dominus et angeli eius incedebant ad latus lecti psallentes et non videbantur. Audiebant vocem multi homines et multi homines

30 egrediebantur ex omni ¹ Ierusalem. Et audierunt summi sacerdotes rumorem tumultus et vocem eorum qui psallebant et non videbantur,

---

² A om. — ³ B add. eorum — ⁴ B veniunt — ⁵ B peccatores vero quando — ⁶ A inveniunt (sic) — ⁷ B ⌐dilexerunt alia opera obscurata est anima eorum a multis peccatis — ⁸ B ⌐olim — ⁹ B ⌐om. — ¹⁰ A om.

70 ¹ B tuere — ² B festina — ³ A fastidio (?) — ⁴ B custodite — ⁵ B ⌐absit, non relinquam te quae duxit et custodivit, absit, non relinquam thesaurum sigillatum, usque quando quaeram illum.

71 ¹ B ⌐super lectum — ² B ⌐igitur sume — ³ B om. — ⁴ B ⌐nemo nostrum lugebit — ⁵ B om. — ⁶ B ⌐et portarunt — ⁷ B Petrus cantavit — ⁸ *Ps.*, CXIII, 1.

72 ¹ B om.

audiebant vocem multorum et multi homines egrediebantur et vocem
qui audiebant ⌐commovebantur dicentes inter se [2] : Quisnam ille tumultus ? Et fuit unus [3] eorum qui dixit : Quia Maria exivit e corpore suo et
apostoli psallunt ad latus eius. Et tunc satanas introivit in cor eorum
et dixerunt : Surgite, eamus et occidamus apostolos [4] et comburamus   5
⌐corpus illius quod portavit hunc seductorem [5] ‡.

73 Et surgentes exierunt cum lanceis [1] ut occiderent eos. Et tunc illi
angeli in nubibus occiderunt eos et eorum capita ad parietes contri-
verunt, dum non [2] videbant qui ambulabant in via eorum ⌐cum eis [3] ut
exirent ut narrarent quae facta sunt. Et quando appropinquaverunt ad   10
apostolos et viderunt illum lectum coronatum ‡, et apostoli psallebant,
et dicebant [4] : Completa est magna ira, videte [5] transitum ‡, qui acci-
dit [6] nobis populo, qualem gloriam accipit [7]. Et surrexerunt et exierunt
magna cum ira et lectum voluerunt deicere et prehendere ubi erat ille
liber et traxerunt et voluerunt in foveam deicere. Tunc manus eius [8]   15
adhaeserunt lecto et abscissae sunt * a scapulis eius et manserunt et
vidit eas suspensas super lectum et alterae *partes* earum ⌐manserunt
suspensa [9] corpora earum.

p. 43 — marginal note at line 16

74 Et tunc flevit [1] coram apostolis coram eis supplicans et dixit eis :
Nolite rependere mihi tanto tormento ; et memento, Petre, patris mei,   20
quia ianitor erat et discipulus tuus [2] ‡ et ego hoc dico quia tu discipulus
es illius hominis ‡. Et quomodo nunc supplico te et rogo vos nolite
rependere mihi [3]. Tunc dixit ei Petrus : Haec res non est mea quod
sanem te ⌐et alio quodam illorum [4]. Nunc autem, si credis quod Christus
est filius Dei, quem prehendistis ⌐ et occidistis et surrexerunt et reli-   25
querunt eum *qui sunt* sine lege [5]. Et dixit : ⌐Numquid non credo ? Utique, vere. Et scimus [6] quod Filius Domini est. At quid facies [7] super-
biae eorum quae obtenebrat oculos nostros [8].

75 Dicebant nobis [1] : Filii nostri, ecce Dominus elegit nos ex omni
tribu ut simus coram ⌐illis omnibus populis [2] in virtute ut operemini in   30
alia terra ; ⌐et hoc [3] ut aedificetis hunc populum ut sumatis ab eis deci-

---

[2] B ⌐commoti sunt inter se dicentes — [3] B om. — [4] B add. et sumamus — [5] A ⌐corpus eius
quod portant huius seductoris ; B ⌐corpus eius quod portant et comburamus hunc seductorem.

73   [1] B gladiis et lanceis — [2] A om. — [3] B ⌐om. — [4] B dixit — [5] B videns — [6] B
benedixit nobis (sic) — [7] B accipimus — [8] B unius illorum — [9] B ⌐add.

74   [1] B add. ille homo — [2] B om. — [3] B add. nunc — [4] B ⌐sed alio quodam illorum.
— [5] B ⌐et non crediderunt illi sine lege — [6] B ⌐numquid non credidimus ? Utique, vere et
ecce credo — [7] B faciemus — [8] B om.

75   [1] AB om. : patres nostri — [2] B ⌐omni populo eius — [3] B ⌐et oportet

mas, primitias et omnem primogenitum quem prodit vulva. Sed cavete[4],
filii mei, ut non abundet super nos locus locorum eorum. Et surgentes
(illi) iverunt in eum et iratus (ego) Domino [5]. Sed ex iis quae vobis sunt,
date pauperi * et orphano et viduis populi et animas caecas liberate. Nos   * p. 44
5 autem non audivimus mandata patrum nostrorum; dum credebamus [6],
abundavit locus valde, primogenitum omnium ovium et boum et omnium animalium posuimus mensam illis qui vendunt et illis qui emunt.
Et venit Filius Domini et exire [7] fecit omnes ex illo loco et illis qui ven-
debant columbas dixit : Tollite haec ex isto loco et ne faciatis domum
10 Patris mei *in* domum emporii; vos autem facitis eam in corruptionem,
⌐qui assuefacti estis malo [8]. Et explorantes cor nostrum, surreximus in
eum eumque interfecimus, scientes quod Filius Domini est. At non
memor est [9] mali neque ignorantiae nostrae. Sed ignosce [10] nobis, quia
⌐venerunt dilecti qui a Domino *sunt*, ut salver [11].
15   **76** Tunc iussit Petrus ut ponerent illum lectum et dixit summo sacer-
doti : Nunc audisne cum toto corde tuo ? Vade ergo et osculare corpus
Mariae, dicens sic [1] : Credo in te et in qui exivit a te fructum. Tunc sum-
mus sacerdos Hebraeorum sermone suo ‡ benedixit Mariae per tres
horas et neminem sivit appropinquare dum prophetabat testimonia
20 produxit ex centum ‡ libris Misiʽe [2] ‡ ⌐quando completum est [3] quoad
illam quod Dominus natus est in gloria, ita ut apostoli, quando audierunt magnitudinem ⌐quae data est ei [4] ab eo, quae omnino non audierunt. Et dixit ei Petrus : Vade ergo et tange manibus tuis loculum eius.
Tetigit dicens [5] : In nomine Iesu, ⌐filii Mariae, filii columbae [6], qui cruci-
25 fixus est in bono tangunt loculum tuum manus meae. * Tunc factus est ut   * p. 45
antea et factus est perpessus [7]. Et dixit ei Petrus : Surge et sume folium
ex hoc libro et vade in civitatem et invenies homines caecos qui non
vident et non compertam habent viam et [8] loquere eis quae fecit tibi;
et iis qui credunt mitte ipsum folium super oculos eorum et tunc vide-
30 bunt; si vero non credunt, non videbunt.
    77 Et ivit sicut mandaverat ipsi Petrus et invenit multos in populis
flentes et dicentes : Vae nobis et [1] facti sumus ut Sodoma. Vae nobis

---

[4] A om.— [5] AB simili modo corrupta tradunt — [6] B non credebamus — [7] A venire —
[8] B ⌐quorum mos malus est. Ioa., II,16 — [9] B sit — [10] B ignoscite — [11] B ⌐venit
dilectio nostra quae a Domino, ut salvemur.
    76 [1] B quia — [2] B Moysis — [3] B ⌐ex quando scriptum est — [4] B ⌐quam dedit ei
— [5] A om. — [6] B ⌐Christi filii columbae — [7] AB «perpessus» est interpretatio incerta —
[8] B et egredere et.
    77 [1] B qui

et transgressum est [2]; quia ⌐antequam occidit eos, in hora, et postea
adduxit ignem e coelo, combussit eos [3]. Vae nobis; nam impletum est
nobis [4] ad adventum ignis. Tunc sumpsit ille homo hunc librum folii et
locutus est eis de fide; et qui credidit, aperti [5] sunt oculi eius; qui vero
non credidit, non aperti sunt oculi eius, sed mansit in caecitate sua. 5
Mariam vero demiserunt apostoli in sepulcrum statim [6].

78 [LIBER TERTIUS] Et cum demisissent eam, manserunt omnes simul
exspectantes dominum quoad veniret et sumeret corpus Mariae. Illa
quidem Maria erat iacens et apostoli sedebant ad ianuam sepulcri illius [1]
sicut *ille* mandaverat ipsis [2]. Et dixit Paulus Petro : ⌐Pater noster [3], scis 10
* p. 46 quod planta nova sum et prima fides mea est in Christum. * Non enim
inveni Magistrum nostrum, ⌐quia non exposuit [4] mihi magnum mysterium et gloriosum. At audivi quia vobis revelavit in Monte Olivarum.
Nunc ergo supplico vos ut mihi quoque ostendatis mihi. Et dixit Petrus
Paulo : Paule, frater mi, quod gaudio [5] gaudemus nunc, quia intrasti in 15
fidem Christi, sed ostendere tibi illud mysterium non possumus; timemus enim quia forsitan timeas audire illud. Sed patientiam habe et
ecce manebimus [6] hic per tres dies et veniet dominus noster cum angelis
suⁱs ad tollendum corpus Mariae, et si iusserit nos, exponemus tibi cum
gaudio. 20
79 Et illis deliberantibus inter se, ecce transibant duo homines ex
Ierusalem in Cedron [1] ‡ et venientes in vineam dixit eis : ut eamus in
illam, fratres mei [2], si nemo respondet mihi et plantabo vineam. Et
dixit Paulus apostolis : Si non revelatis mihi sermonem Salvatoris nostri, ibitis et audiemus verba illorum hominum amborum, ita ut non 25
dicam vobis quod irrident nobis illi ambo homines, pater noster. Et
dixit illi Petrus : Invenimus tibi explicationem eius, dum dicis Paulus
thesaurus sapientiae et sis in isto nobiscum. Et quando scivit quod
Petrus confessus est humilians seipsum, dixit : confessus est ‡, dixit :
Ignosce mihi, o pater noster Petre, quia non propter nos sapientiam 30
invenimus, sed super creaturam est donum. Nunc autem iube me loqui.
Et tunc omnes apostoli responderunt una voce et dixerunt ei : dic,

---

[2] B transgressi sunt — [3] B ⌐antea occidit eos et postea ignem adduxit e coelo et combussit
eos. Et dixerunt : — [4] A om. — [5] B soluti — [6] B om.

78 [1] B Mariae — [2] B add. dominus — [3] A ⌐om. — [4] B ⌐ut exponeret — [5] B om. — [6] B
maneamus.

79 [1] B moenia — [2] B nostri. Quae sequuntur usque ad initium § 80 (cum filio ipsius)
in A omissa sunt.

Paule, dilecte noster. Et dixit Paulus : Daemones sunt, qui ludibrio
habent homines. Et dixit eis Paulus : Aurem praebeatis mihi et audite
mihi sequentia horum verborum.

80 Cum iudicaret Salomon unum hominem cum filio ipsius quoad * di-   * p. 47
5 vitias matris eius, et postquam mortua erat, et ille pater eius duxerat
duas uxores, tunc filius eius tenuit eum dicens : Da mihi res matris meae.
Et convenerunt simul et dixerunt Salomoni ad tribunal. Et dum iudica-
bat eis, venit daemon in medio eorum et risit magno risu [1]. Et surrexit
Salomon a tribunali et sumpsit manu eius hunc daemonem et duxit eum
10 seorsum ut castigaret eum eo quod riserat [2] et dixit ei Salomon : Quidnam [3] hoc quod [4] ausus es in medio nostrum ridere in medio tribunali,
iudicante me omnes homines ? Et dixit ille daemon : Visne scire quare
derisi hunc hominem, qui litigat cum filio suo propter pecuniam ? Quia
⌐altera dies non veniet [5] *quin* moriatur filius eius. Et dixit ei Salomon :
15 O spiritus immunde, quomodo ergo scis quae in coelis [6] ? Et dixit ei ille
daemon : Nos quidem angeli sumus condemnati et iratus est nobis Dominus et posuit nos in nubibus et ascendimus, sed in coelum non venimus [7] et ad portam pulsamus et videmus locum eorum ; adsunt enim
custodes ad portam, ne in excelsa ingrediamur. Et audimus eos dicentes,
20 si forte audimus eos dicentes, quod afferunt vocem e loco ⌐magnae
Potentiae [8] se ituros esse ad animam, ⌐quia veniunt ut vadant ad animam, et veniunt iusti [9] apud portam et loquuntur ianitoribus et dicunt
eis : Aperite nobis, quia vadimus ad animam, praecedimus eis et vadimus et ingredimur in domum istius [10] et attente aurem praebemus eis et
25 quando audimus eos, maxime irredemus eos, * eo quod scimus. Et cum   * p. 48
didicisset rex [11] Salomon quod hoc verum est, dimisit illum hominem
cum filio eius in domum eorum, ⌐intra septem dies venite et iudicem [12]
vobis litem vestram. Et quando ingressi sunt domum suam simul, morbo
affectus est ille puer ; et flevit et sedit [13] ad patrem suum et dixit ei :
30 Morior [14] et contristasti me, quod ascendere me fecisti ad regem Salomonem ut iudicarer ⌐ut puer [15] ; nec memor fuisti bonorum verborum
matris meae dicentis tibi seorsum quando exibat e corpore suo : Noli
inique agere in dilectum filium tuum. Et ecce nunc quidem, pater, contristasti me ita ut adduxeris me ad mortem.

---

80 [1] B om. — [2] B add. se — [3] B om. — [4] B add. taliter — [5] B ⌐duae hebdomades et
dies non venient. — [6] B add. aguntur — [7] B intramus — [8] B ⌐magni potentis — [9] B ⌐om.
— [10] B add. hominis — [11] B om. — [12] B ⌐dicens illis : intra septem dies venite et ite in
domum vestram et iudicabo — [13] B respexit — [14] B add. pater mi — [15] B ⌐dum puer sum.

81 Et tunc flevit pater eius dicens : Tibi, fili mi, dabo omnia, dum
tu parvus es, quia [1] Abraham ad Levi [2] dedit signum ad patrem suum
ut cognosceret Dominum; et dixit patri suo : ⌐Tu, pater mi [3], supplico
te, si inveni gratiam coram te, affer mihi paulum pecuniae et da illam
eis qui extrahunt animam meam; forsitan propter illam relinquent me. 5
Et tunc pater eius ivit et attulit totum dimidium pecuniae suae et
posuit coram filio suo. Et clamavit magna voce et dixit : Supplico vos
qui extrahitis animam filii mei, sumite ergo hanc pecuniam omnem et
relinquite animam filii mei. Tunc commotus est ille filius valde et dixit
patri suo : Pater mi, non ⌐decrescit mihi, dum commovent [4] animam 10
meam. Forsitan haec pecunia paucior est; affer ergo quae sufficiat eis.
Nam ⌐haec *quam* posuisti commovet [5] me nimis.

* p. 49　**82** * Tunc pater eius surrexit et attulit quaecumque habuit et etiam
supra illud mutuatus est et posuit coram filio suo quem dilexit. Et iterum flevit dicens : Supplico vos qui commovetis animam filii mei, tol- 15
lite ergo ⌐hanc pecuniam [1] vobis, tantum filium meum relinquite mihi.
Ille autem filius valde [2] commotus est et incepit mori. Et vertit se et
dixit patri suo : Vidi [3] quod neque aurum neque argentum piaculum
animae est, ⌐sed tantum [4] rectum cor ad Dominum. Surge ergo, pater,
⌐et sume [5] hanc pecuniam et da pauperi et orphano et aedifica domus 20
peregrinis, ne fenerentur mihi fenus ‡ et inveniamus requiem animae
nostrae. Et haec dicens [6], quando locutus est haec, mortuus est.

83 Et pater eius ergo fecit sicut mandaverat ipsi filius suus. Et per-
transierunt octo dies ‡ et non ivit [1] ad Salomonem regem, secundum
tempus constitutum ipsi quod datum fuit ei septem dierum [2], et etiam 25
transiit nonus [3] dies et non ivit. Et misit Salomon ⌐ad eos [4] dicens :
Quare non venistis ut feram vobis sententiam vestram sicut dixeram
vobis ? Et dixit ei : domine mi, nonne scitis quod septem dies erat tempus constitutum mihi, et ille miser filius meus mortuus est; et dedi
omnem pecuniam meam propter eum ne contristarem eum, sed feci 30
sicut mandavit mihi omnia. Et tunc novit Salomon quae dixerat ipsi
quod sciunt daemones quae fient. Eapropter dicunt [5] homines ‡ quod
nos sumus quibus irrident, dum nesciunt [6] quid sit quod eveniat ipsis ‡.

---

81 [1] B add. — [2] Hic incipit primum fragmentum a WRIGHT editum — [3] B ⌐om. —
[4] B ⌐desistunt commoventes — [5] B ⌐haec commovet.
82 [1] B ⌐hoc omne — [2] A om. — [3] B vidistine —[4] A ⌐om. — [5] B ⌐add. — [6] B omnia.
83 [1] B reversus est — [2] A om. — [3] A add. nonus (in margine) — [4] B ⌐ad eum — [5] A om
— [6] B sciunt.

84 Et tunc crediderunt apostoli quae dicta sunt a Paulo; nam suaserunt [1] ei ut loqueretur ipsis ‡ ⌐per quinque dies, sed ut non adigeret ipsos [2] ad revelandum ei * mysterium. Et vertentes se omnes apostoli   * p. 50 dixerunt ei : Paule, frater noster, loquere nobis [3] verbis dulcibus; nam
5 Dominus misit te ad nos ut laetificares nos ⌐per illos tres dies [4]. Et respondit Paulus et dixit : Petre, nonne vis revelare mihi magnalia Christi Salvatoris nostri, ostendatis mihi, si ⌐datur quod [5] exibitis ad praedicandum, quid docebitis, ut ego quoque doceam ex doctrina vestra.

85 Et dixit illi Petrus : Frater mi [1] Paule, hic sermo quem dixisti
10 bonus est ⌐et quoad illud quod vis scire [2] de nostra doctrina quam docebimus, audi [3], audi ergo, dico tibi : quando vado ut praedicem, dico : qui non ieiunat [4] quotidie [5] non videbit [6] Dominum. Et dixit illi Paulus : Pater noster Petre, quidnam hoc verbum quod dixisti [7]. Nam illi, quando audierint, insurgent et occident nos, quia ⌐ex diis [8] colunt et non
15 credunt in Domino ne quidem propter ieiunium. Et vertit se Paulus ad Ioannem [9] et dixit ei : Expone doctrinam tuam tu quoque, pater noster Ioanne, quam docebis ut ⌐et nos [10] doceamus.

86 Et dixit illi [1] Ioannes : Si vado ad docendum, dico : qui non se continet usque ad requiem suam, Dominum non videbit. Et respondit
20 Paulus et dixit : Quidnam hoc verbum; nam non credent hoc verbum [2] quia homines colentes arbores et petras sunt. Si audiunt a nobis haec, lapidabunt nos. Et iterum Paulus * vertens se ad Andream, dixit ei: * p. 51 Dic mihi sententiam tuam quoque, pater noster Andrea, ut Petrus perspiciat et credat, quia magnus est episcopus et Ioannes ut credat, quia
25 virgo est; et propterea dixerunt gravia verba. Et dixit ei Andreas : Si vado ad praedicandum, dico : qui non reliquerit patrem suum et matrem suam et fratres suos et filios suos et omnes [3] divitias suas et non secutus fuerit Dominum, non potest videre eum. Et dixit Paulus Andreae : Levius nimis est quod Petri et Ioannis quam tuum, Andrea.
30 Nam omnia separasti e terra in una hora. Et quaenam haec verba vestra; quia insuper haec verba [4] his diebus, numquid possibile est onus grave imponere super pullum [5], Andrea ‡, ⌐sicut olim ? Et respondit Petrus [6] et dixit [7] : Paule, dilecte animae nostrae, dic nobis quomodo velis ut praedicemus.

---

84 [1] A suasit — [2] A ⌐om. — [3] B om. — [4] B ⌐illis verbis per illos tres dies — [5] B ⌐om.

85 [1] B noster — [2] B ⌐add. — [3] B om. — [4] A laborat — [5] B omni tempore — [6] B potest videre — [7] B dicis — [8] B deos — [9] B patrem Ioannem — [10] B ⌐om.

86 [1] B add. — [2] B add. quod dicitis — [3] A om. — [4] B om. — [5] A om. — [6] B ⌐et sicut antea respondit Petrus — [7] B add. illi.

87 Et dixit illis [1] Paulus : Quid auditis me ‡, hoc suadeo vobis ut faciatis, ut perspiciamus res quas possibile est imponere hominibus, quia ⌐ab initio habent eas; et dicamus [2], quod unusquisque vir maneat cum uxore sua, ⌐ob fornicationem [3] et unaquaeque ⌐maneat et propterea usque ad mortem [4]. Et constituamus illis ieiunium, sabbato non ieiun- 5
ent; et ne demus illis dubium ieiunii ut ⌐non nutent [5] nec se avertant. Sed si ieiunaverint hodie ⌐et laboraverint [6] paulisper, iterum [7] perseverent dicentes : cras iterum ieiunabimus. Et si venerit tempus edendi
* p. 52 et requieverint, dent pauperibus dicentes : * Quare [8] hoc ieiunium quod venit et meditentur [9] quoad Dominum in corde suo. Et insuper dicamus 10
eis quod ⌐qui nequit usque ad nonam et perfectus usque ad vesperam [10]. Et si quidem calcavimus usque [11] super alas eorum paulisper [12] et cognoscimus quod possunt haec ferre, bibendum eis praebeamus lac tunc et loquamur eis ⌐quae cum gloria verba [13]. Tunc apostoli murmuraverunt non consentientes verbo [14] cum sententia Pauli.   15

88 [LIBER QUARTUS] ⌐Die duodevigesima. Lectio [1]. Et sedente ad ianuam Paulo et loquente illis, ecce Dominus [2] Iesus venit e coelo et cum eo Michael et sedit in medio apostolorum, dum contradicebant verba Pauli et ⌐dixit : Ave Petre [3] episcope, et Ioanne virgo, vos estis hereditas mea; ave Paule ‡, qui bona suades. Amen dico vobis quod senten- 20
tia vestra non constat, neque quae Petri, neque quae Ioannis, neque quae Andreae, sed quae Pauli. Nunc quidem constabunt omnes illae res ⌐et vidi [4] omne saeculum in rete et quod Paulus inveniet eos in retibus; tunc revelabitur omnis sermo vester in ultimis diebus. Et vertit se dominus noster ad Paulum : Frater mi, noli contristari quia 25
apostoli non revelaverunt tibi mysterium gloriae. Et ⌐cuinam revelata est cum doctrina quam docebo ego in coelis [5] ?
* p. 53   **89** * Tunc signum dedit dominus noster Michaeli et locutus est Michael voce angelorum fidelium et descenderunt in nubibus ⌐tribus ‡ et nu-

---

87 [1] B illi — [2] B ⌐ante illa nonne diceremus — [3] A ⌐et propterea mors — [4] B ⌐maneat cum marito suo — [5] B ⌐non durum reddant — [6] B ⌐om. —[7] B om. — [8] B add. nobis — [9] B meditabuntur — [10] B ⌐qui nequit ieiunet usque ad duas horas et mediocris ieiunet usque ad nonam et perfectus ieiunet usque ad vesperam — [11] B om. — [12] B sensim — [13] B ⌐cum gloria verbi eius — [14] B om.

88 [1] B ⌐die sexta decima, adventus domini nostri ad discipulos suos ut deducerent corpus sanctae in paradisum — [2] Sic. — [3] B ⌐et deinde dixit : Petre — [4] B ⌐quia vidi — [5] B ⌐et cuinam docebo et cuinam revelata est doctrina quam docebo in coelis.

merus eorum super nubem apparebant decem millia angeli coram
Salvatore [1]. Et dixit eis dominus noster quod corpus Mariae portarent
in nubes. Et quando portatum est corpus eius, dixit dominus
noster apostolis ut venirent apud se et ascenderunt in nubem [2] et psalle-
5 bant voce angelorum. Et dixit dominus ⌐nubi ut iret [3] ad orientem ‡
in ⌐partem quae ad [4] paradisum. Et cum pervenissent simul in paradisum, posuerunt corpus Mariae apud arborem vitae. Et attulerunt animam eius et posuerunt super [5] corpus eius. Et [6] dominus noster dimisit
angelos suos in locum ipsorum.

10   **90** Et tunc dixerunt apostoli Salvatori : O domine, nonne dixisti ‡
nobis quando ⌐eramus tecum et [1] supplicavimus te quod videremus
tormenta. Et dixit eis : Hocne vultis ? Patientiam habete hac die in
exitu corporis et ascendere faciam vos et faciam vos videre illa. Et dum
haec loquebatur [2] cum apostolis, fecit signum dominus noster ⌐oculis
15 suis ad nubes et arripuerunt [3] apostolos et Mariam et Michaelem cum
domino nostro et duxit eos in occasum solis et reliquit eos ibi. Et locutus
est dominus noster angelis potentibus ‡ et exsiliit terra et aperta est
gehenna. Et Dominus dedit locum apostolis ut viderent ut voluerant.
Et viderunt homines tormentorum ; et cum vidissent Michaelem ⌐crevit
20 eorum fletus [4] et dixerunt : Michael, angele noster ‡, Michael, rex noster, Michael archangele noster, qui omni die adoras propter nos, * ⌐num   * p. 54
oblivisceris nostri [5] nunc in perpetuum et quare non supplicas pro nobis ?
Et ceciderunt apostoli et Maria ob dolorem eorum qui erant in tormentis ⌐et ceciderunt in faciem suam [6].

25   **91** Et Dominus suscitavit eos dicens : Apostoli mei, surgite, discipuli
mei ; at dico vobis quia non potestis ferre ‡ ; et haec quae non potestis
ferre, quomodo si introduxissem vos in interiora loca ubi ⌐non innotescit homo [1], et quid esset vobis tunc. Et dixit Michael illis qui in tormento, illis qui flebant : Vivus Dominus, vivus qui dignus est, vivus
30 qui iudicabit vivos et mortuos, vivus qui iudicabit tormenta [2] ‡. Et
duodecim horae sunt ⌐diei et duodecim horae [3] nocti ⌐in numero psalmi[4].
⌐Et quando completus est unusquisque psalmus [5] qui offert sacrificium,

---

89   [1] B ⌐tribus numerus eorum in nube apparebant decem millia angelorum coram
salvatore nostro — [2] B ⌐in nubes — [3] B ⌐nubibus ut irent — [4] A ⌐(supra lineam additum)
— [5] B om. — [6] B add.

90   [1] B ⌐eras nobiscum et — [2] A loquebantur — [3] B ⌐digitis suis et nubes rapuerunt —
[4] B ⌐fleverunt magno fletu — [5] B ⌐semper audi nos — [6] B ⌐om.

91   [1] B ⌐ubi innotescit locus eius — [2] A pauperem. II *Tim.*, IV, 1 — [3] B ⌐add. — [4] B
⌐qui numerus psalmi (?) — [5] B ⌐add.

⌐cecidi et adoravi bonum Dominum supplicans ⁶ pro omni creatura et
pro omni ⌐anima hominis ⁷.

92 Et angeli aquarum ‡ etiam implorabant dicentes : Miserere eorum, o Pater, ut multiplicentur fructus aquae ¹ propter genus filiorum
hominum, quia imago tua et similitudo tua *sunt*. Et propterea supplico ⁵
ut audias me, angeli tui *ut* sit miseratio aquis *ut* multiplicen(ur. Et
angeli ² ventorum adoraverunt et dixerunt : Supplicamus te ³ bonum
Dominum etiam propter filios hominum ut spirent venti et multiplicetur
miseratio tua super eos propter fructus arborum et propter quae ger-
* p. 55 minat ⁴ * carnem. Et angeli nubium quoque ⌐adoraverunt dicentes : 10
Supplicamus ⁵ te bonum Dominum, ne derelinquas filios hominum ut
obnubilet eos nubes ⌐nec intermittat revelare ⁶ eis. Sed bonitas (ua
cogit nos ut serviamus eis. Etiam angeli multi ⁷ trepidaverunt propter
filios hominum.

93 Et dixit Michael qui super omnem animam : Crebro ego etiam 15
cado supplicans omni hora ¹ et omnis labor vester sicut nihil fuit, quia
non custodistis quae dicta sunt vobis mandata. Et ipse Michael ivit et
videbat furorem eorum qui furebant, etenim cecidi ² coram Domino Iesu
et dixi ³ : Supplico te, o domine, ⌐quod requiescere facias ⁴ filios hominum ex isto et ne facias ⁵ me ut videam eos ⌐et existimem ⁶ *quod* ego 20
excrucio ⁷ eos ‡.

94 Tunc ⌐surgere fecit Iesus Michaelem ¹ dicens : Michael, electe mi,
quiesce a fletu tuo. Numquid tu diligis eos magis quam qui creavit eos,
vel misereris eorum magis quam qui dedit eis halitum ? Et tu, Michael,
antequam rogas pro eis, ego non peperci sanguini meo, dedi ² propter 25
illos. O Michael, daturne qui residet in cruciatu relinquens iucunditatem
Ierusalem. Ego quidem ⌐conceptus sum ‡ propter eos, ut quiescere
facerem eos flevi coram Patre meo ³ ; tu vero, Michael, una hora supplicas Patrem meum pro eis ; sanguis autem meus non quiescit die noctu-
que supplicans ad Patrem propter eos. Et quando vult Pater misereri 30
* p. 56 eorum a * cruciatibus, secedunt dextrorsum. Et vidi qui in interioribus,

---

⁶ B ⌐ceciderunt et adoraverunt bonum Dominum supplicans ego — ⁷ B ⌐homine.

92 ¹ B aquarum — ² B decem angeli — ³ B add. omnes |nos — ⁴ B germinavit —
⁵ B ⌐adoravit dicens : Supplico — ⁶ B ⌐intermittamus revelare — ⁷ B ⌐lucis multum.

93 ¹ B add. propter omnem animam — ² B cecidit — ³ B dixit — ⁴ AB ⌐qui requiescere facis — ⁵ A obliviscaris (sic) — ⁶ B ⌐illum populum — ⁷ A loquor (sic).

94 ¹ B ⌐respondit Iesus Michaeli — ² B sed dedi — ³ B ⌐educatus sum in utero
propter vos, ut requiescere facerem flevi coram patre meo.

qui erant tincti [4] sanguine et ⌐aversa est miseratio mea [5] ab eis. Ob
multitudinem fletus et ob multitudinem petitionis, etiam cherubim
commoti sunt et plaudebant manibus suis inter se ob petitionem meam
ad Patrem meum propter animas eorum qui in cruciatu. Et vertens se
[5] Pater dixit mihi : Volo misericordiam et magna est misericordia mea,
sed ⌐quod positum est [6] coram te mensura est sanguinis tui. Nunc ergo,
Michael, surge et ostendamus apostolis quid est.

95 Et quando surrexerat Michael, dixit dominus : O apostoli, surgite
et videte quid est. Et tunc viderunt hominem in cuius manu [1] palma
[10] ignea ‡ quae ardebat et non poterat lamentari [2]. Tunc clamavit Maria
et apostoli dicentes : Quis est homo ⌐in cuius manu est cruciatus [3] ‡ ?
Et ⌐dixit ei [4]: Anagnosta est qui loquitur verba honoranda et ipse non
facit ; et propterea in magno cruciatu est. Et iterum ⌐viderunt alium [5]
quem adduxerunt a longinquo, dum magna tortura ignis in manu eius
[15] ⌐erat et non sinebant eum loqui ; et pueri parvi mordebant ei latera eius
cum aliis multis. Et dixerunt apostoli : Quis est ille cuius non miseren-
tur, dum ignis est in manu eius [6], et adducunt eum et mordent eum ?

96 Et dixit Salvator : Hic est qui dixit : diaconus sum et accepit Sanguinem honorandum et non custodit ut decet. Et qui mordent eum, illi
[20] sunt qui transeunt ut ipsos videant, qui faciunt quae non conveniunt
ipsis ‡ et ⌐non * recesserunt [1] e templo et non eiciuntur [2] et non docent   * p. 57
et qui ex nunc non peccant [3], ⌐sed qui vident ipsos quod non est peccatum [4], nam in peccato serviebant et hoc cum illis *erit* quoad ⌐complebi-
tur peccatum eorum [5]. Et cum hoc venerunt et manserunt hic, dum
[25] comedunt illos.

97 Et etiam vidimus alium qui in tormentis ligatus *erat* et duo *qui*
tenebrae custodiebant eum et [1] petris rotundis sicut hobēt ‡ percutiebant ei faciem eius et non miserebantur eius et non se vertebat, sed
percutiebant eum a dextris et a sinistris. Et dixit Maria : domine, quis
[30] est ille qui habet maiorem cruciatum quam alii et omnino non miseren-
tur eius ; et quare percutiunt eum petris rotundis sicut hēbot et non
cadunt ossa eius in terram ? ⌐Et dixi ad illam [2] : ⌐sed omnis homo pecca-
vit [3], duo tenebrosi qui percutiunt eum sicut petram in facie eius, quo-

---

[4] A coangustati — [5] B ⌐avertit se miseratio — [6] B ⌐quid positum est.

95 [1] B ore — [2] B loqui — [3] B ⌐iste qui in cruciatu — [4] B ⌐dixerunt — [5] B ⌐vidi alium
— [6] B ⌐om.

96 [1] B ⌐et recedunt — [2] B eiciunt — [3] A peccat — [4] B ⌐sed qui peccant et vident ipsos
quod non est peccatum — [5] B ⌐complent peccatum suum.

97 [1] B om. — [2] AB sic — [3] B ⌐sicut omnis homo peccaverunt (sic).

modo non fit ut pulvis ? Sed novit passionem hominis carnalis et si sumpsit ex hoc petra erit super eum magnum flagellum verendum et non
dissolutio.

98 Et dixit ei Salvator : Maria, scito quis est et tunc dicam tibi quare
non liquefit forma eius. Ille quidem est sacerdos cui crediti fuerunt ₅
pauperes et egentes et afflicti et ille *prandia* memorialia et ˹primitias
edebat et non ipse tantum, sed dono dabat quibus non competunt et
* p. 58 propterea percutiunt eum in facie eius. Et si vis hoc scire * quomodo non
dissolvitur facies eius : quia infidelis fuit ab illo loco ipsi credito et anima eius non moritur et erit in cruciatu non moriens, *non* dissolvens se. ₁₀

99 Et haec dicens Iesus, dedit eis viam qua surgerent ¹ ‡ e *loco*
cruciatus et respexit Salvator Michaelem et se seiunxit ab illis et reliquit Mariam et apostolos ut noscerent eos. Et tunc qui *erant* in cruciatibus clamaverunt et dixerunt : Maria, supplicamus te, Maria, lumen et
mater luminum, Maria vita et mater apostolorum, Maria, lampas aurea ₁₅
et quae portas omnem veram lampada, Maria, domina nostra et mater
domini nostri, Maria, ˹regina nostra ², supplica Filium tuum ut quiescere nos sinat paululum. Et alii etiam sic dixerunt : Petre et Andrea et
Ioanne, qui facti estis apostoli, nam noverunt eos singulos quod consti-
tuerat eos sacerdotes ³ super regiones. Et dixerunt eis : Ubi posuistis ₂₀
doctrinam nostram quam docuimus vos; nam adhuc venient ⁴ dies
vestri quando apparuit vobis Christus et constituit ⁵ dominus omnium
et post omnia Deus ⁶ timemus omnia mandata eius. Illi vero multum
confusi sunt et non potuerunt respondere apostolis.

100 Tunc surrexit Salvator et venit in locum cruciatuum et dixit illis : ₂₅
Ubi posuistis quae docuerunt vos. Nonne audivistis omnia quae dixerunt ¹ et non respondit et spuebant in eum et ˹non audiebant eum ².
Nonne potui nictu oculi coelum et terram confringere super peccatores
* p. 59 qui peccaverunt in me. Sed non feci ut * ostenderem vobis dispositionem
meam et sciretis ut et vos sicut illi ambularetis. Vos autem hoc non fecis- ₃₀
tis, nisi quod iudicium eorum fecistis ignominia affecti estis et patimini
et vim subitis; propterea rependitis. Et quale gaudium faciam vobis ?
Et ob lacrymas Michaelis et ob sanctos meos apostolos et ob Mariam
matrem meam, eo quod venerunt et viderunt vos, dedi vobis ergo usque
ad ˹tres dies requiem *diei* dominicae ³.   ₃₅

---

99 ¹ B non surgerent — ² B ˹om. — ³ B apostolos — ⁴ B venimus — ⁵ B add. nos —
⁶ B add. noster.

100 ¹ B dixit vobis — ² A ˹non adducebant eam (sic) — ³ B ˹nonam horam requiem
in *die* dominica.

101 Tunc angelis virtutis innuit oculis suis et fecit ut aperiretur terra.
Et tunc quasi res fortuita facta est et apostoli venerunt in paradisum et
sederunt apud arborem vitae. Et erat ibi anima Abraham et anima
Isaac et anima Iacob cum aliis multis [1] ex resurrectione Salvatoris e
5 mortuis adduxerat et posuerat eos in ⌐paradiso ut vivos [2]. Erat ibi
David cum lyra sua sonabat et erat ibi Elisabeth cum eis; sed alius
erat locus mulierum. Et erant ibi Marēs qui ascenderunt propter Salvatorem et erant ibi infantes parvi propter Salvatorem. Et vidimus etiam
magna et mirabilia, nam omnes animae bonorum et filiorum hominum
10 qui exierant e corpore suo, omnes qui exierant et reclinabant in sinu
Abraham et Isaac et Iacob.

102 Et vidimus autem etiam Henoch et plantam olivae, quando
Henoch abscidit a ramis eius et dedit illum columbae ut ferret ad Noe
in arcam. Nam in diebus diluvii, misit Noe columbam in paradisum ut
15 interrogaret proavum patris sui. Et Dominus misertus est terrae et
aspexit eam. Et pergens columba interrogavit Henoch [1] et * invenit ver-   * p. 60
bum eius arduum et reversa est ad Noe, nihil habens. Iterum misit eam
Noe rursus et ivit et interrogavit Henoch et invenit quod misertus erat
Dominus terrae. Et abscidit unum ramum ex oliva et dedit illi dicens :
20 Fer signum ad Noe et dic ei : Hoc signum ramus olivae et hic quem
videmus in una [2] arbore.

103 Et locutus est illis Dominus : Nolite demirari haec. Et si parave-
ritis vosipsos in terra hereditatis meliora istis invenietis. Et iterum dico
vobis : manete hic cum Maria et cum omnibus qui sunt hic, quoad as-
25 cendere fecerim Paulum ‡ et ostenderim ei omnia sicut ⌐locutus sum
ei [1]. Et ascendit ⌐Dominus [2] in nubem et vocavit Paulum ad latus suum,
dum ascendere faciebat eum in nubem secum. Et clamavit diabolus in
altis dicens : Iesu, fili Domini, qui venisti in saeculum et praedicasti
coram Ierusalem et dedisti mandatum apostolis tuis ut praedicarent
30 ad omnem terram in Ierusalem [3], quomodo ascendere facis istum cui
nomen Paulus tecum, priusquam certaverit mecum, in magnalia tua et
me vicerit. Et duodecim quos decet ostendisti [4] omnia, quoniam decet
eos et certaverunt mecum et vicerunt me. Iste autem non certavit
mecum nec vicit me. Quomodo ascendere facis eum ? Veniat ergo; prius
35 certet mecum et si vicerit me, duc eum et ostende ei omnia.

101 [1] B add. sanctis — [2] B ⌐paradiso vivorum.
102 [1] A Noe — [2] B unaquaque.
103 [1] B ⌐locuti sunt ei — [2] B ⌐dominus noster — [3] B add. tecum — [4] B add. discipulis
tuis.

104 Tunc dominus noster dixit Paulo : Frater mi, Paule, para te in certamen, ut nihil inveniatur super te. Et dixit Paulus : Non cognosco eum, sed scio quod certabo cum eo. Et dixit ei dominus noster : Mittam
* p. 61 tecum Petrum et docebit te * pugnare cum illo. Tunc descendit in para- disum ubi erant apostoli et dixit dominus noster Petro : Surge et vade 5 cum Paulo et doce eum quomodo certet cum inimico ; hic enim quaesivit ut certaret secum. Et dixit Petrus : domine, ubinam iterum certabimus cum eo ? Utrum in monte an in medio populorum ? ⌐Et dixit : In medio populi 1 ut ⌐sciant passionem eius et ignominiam eius 2. Ubi deposuerit vos nubes, ibi certate cum eo.   10

105 Et sumpsit eos nubes et deposuit eos in medio palatio regio Romae ‡, dum sedebant 1 eunuchi regis Romae, dum circumdabant eum concubinae eius et princeps *domus* eius. Et cum vidisset eos rex, commotus est et cucurrit et ivit cum eunuchis suis et cum ⌐sceptro qui erat in manibus suis 2. Et tunc extendit rex baculum suum super 15 eos ut non percuterent illos et ut non levarent manus suas eunuchi. Tunc dixit eis rex : Quinam vos et unde venistis et quomodo tamquam dolo intrastis in palatium meum hunc in locum quem numquam vidit homo. Ne filius meus quidem intrat sine permissu apud me, quin prius rogaverit. Vos autem mero *modo* intrastis 3. Et quis locutus est vobis ? 20 Nunc ergo loquimini mihi de iis quae interrogavi vos.

106 Tunc dixit Petrus : Utrum loqueris, Paule, an loquar ego ? Et dixit Paulus : Loquere, pater mi Petre. Et tunc locutus est Petrus dicens : Si vis scire ⌐quinam sumus et cuiusnam nos 1 : ego sum qui 2
* p. 62 iuravi ‡ manifestavi. Et dixit * Paulus Tarsensis e Cilicia. Et si vis scire 25 quinam sumus, audi et docebimus te eum qui natus est propter nos, nos eius sumus qui non mendacii convincitur, qui venit e medio propter nos. Qui Iesu, filii Domini, sumus, qui regnat in saeculum, qui non vacil- lat, qui non 3 subvertet omnia regna et potest salvare eos qui audiunt eum ⌐et se submittunt ei 4.   30

107 Et dixit eis rex : Et quomodo possum scire eum quod verum est verbum tuum 1 quod non est. Et dixit ei Petrus : Forsitan tu quoque non audisti virtutes quas operatus est in Israel : ⌐paralytici ambulave- runt 2, caecos videre fecit, surdos audire fecit, mutos loqui fecit, et

---

104 1 B ⌐om. — 2 B ⌐sciat passionem suam et ignominiam suam.
105 1 B faciebant — 2 AB ⌐(interpretatio incerta) — 3 B add. et si non audistis, qui- busnam verbis [tesserae] intrastis.
106 1 B ⌐om. — 2 AB quae (?) — 3 B om. — 4 B ⌐om.
107 1 B vestrum — 2 B ⌐paralyticos ambulare fecit

daemoniacos ⌐eiecit et leprosos ³ purificavit; qui fecit aquam in vinum
et ex quinque panibus benedixit et dedit nobis et nos dedimus populo et
ederunt et saturati sunt ⌐quinque millia ⁴ hominum et reposuimus duodecim sportas ex quae superfuerunt fragmentis. Oculi nostri haec vide-
5 runt et manus nostrae etiam ministraverunt. Et alia quoque mirabilia
quae fecit : ventos reprobavit. Et insuper audivissetis ⁵ alia miracula ⁶:

108 Et dixit eis rex : Multum est magnum quod audivi apud vos, et
si verum est, tentabo vos : *est* mihi filia et avis evulsit oculum eius dex-
terum; et arcessivi omnes medicos regni mei et non potuerunt sanare
10 eam, quia periit pupilla oculi eius. Et dixit ei Petrus : Mitte et venire
eam iube ad me ¹. Et tunc misit rex quatuor ² servos ³ suos et *illae*
adduxerunt eam. At venit etiam mater eius cum ea. Et cum vidisset
Petrus pupillam oculi eius, cognovit in spiritu suo *quod* propter peccatum evulserat avis oculum eius.

15 **109** * Et dixit regi : Dic mihi peccatum eius ob quod evulsit avis ocu- * p. 63
lum filiae tuae. Rex autem erubuit exponere illi, quia mater eius asta-
bat filiae eius. Et *ille* dixit Petro : Si sanas, sana eam et si non sanas,
quid audis ¹ talia verba. Nam multos medicos introduxi ² ad filiam
meam et multas virtutes feci ³ et non potuerunt sanare eam et non audi-
20 vi apud eos talia verba. Et dixit ei Petrus : Et propter ea ⁴ non potuerunt sanare eam, quia non locuti sunt ut confitearis eis. Nostra autem
ars medendi quae data est nobis a principe medicorum. Ita est sermo
eius quem docuit nos Salvator noster. Quia non vis confiteri nobis peccatum eius, ecce narrabo tibi ⁵. Et quando non decidit ‡, tunc dixit
25 Petrus Paulo : Leva manus tuas ad orandum. Et dixit Petrus ⁶ : Colle-
gisti omnes creaturas et sivisti ⁷ ut dispergantur et fecisti terram et
omnia quae in illa *sunt* virtute, qui vocasti quod non est sicut quod est
et omnia facta sunt mandato tuo; et nos enim mansimus in manu tua
nos, qui scrutaris abscondita et non datur quod impossibile sit coram
30 Iesu mysterio ⁸, audi qui clamamus ad te et sciat hic rex quod non
datur qui fortior sit servis tuis.

110 Et illis orantibus, venit illa avis quae arripuerat oculum filiae
regis, et ipsa facta fuit caeca et venit in medium palatii, dum ducebat
eam altera avis; et clamavit dicens : Quid est, Petre et Paule, servi *qui*

---

³ B ⌐add. — ⁴ B ⌐quingent· — ⁵ B audivisses — ⁶ B add. ut faciamus tibi et credas.

108 ¹ B nos — ² B om. — ³ A et B (interpretatio incerta).

109 ¹ AB sic. (pro «audio» ?) — ² B add. in domum meam et — ³ AB sic (fecerunt ?)
— ⁴ B add. revera — ⁵ B add. ut redarguat te — ⁶ B add. O domine — ⁷ B non sivisti —
⁸ B add. nostro.

boni Domini, audite me quae faciam [1] vera apostolis. Et dixit illa avis
cum timore : Audite me, * servi Domini, missa sum ut loquar vobis omne   * p. 64
verum de quo interrogatis me. Et dixerunt ei : Nos sumus propter vos.
Audite ergo me ut dicam vobis propter quid male egi in oculos huius
filiae regis. Et dixit illa avis : Audite me, si [2] vobis est auditus : facta   5
fuit dies natalis eius *regis*; et quando compleverat rex Romae secundum
mos suum et compleverat omnia, erat una virgo [3], solvit cingulum suum
regis et surrexit post prandium, vidit puellam unam quam non cogno-
verat vir, sumpsit et tentavit corrrumpere virginitatem eius. Illa autem
puella clamavit et non permisit ei ut solveret cingulum suum. Et iratus   10
est rex et iussit eam ducere in quemdam locum et maneret ibi quoad
moriretur site et fame, mandans illis hominibus qui habitabant in illo
loco ut nemo daret ei, et si quis daret panem et aquam, caput eius
abscidam gladio.

111 ⌜Et cum [1] dies facta esset ex qua non gustaverat quidquam, ita   15
ut dissolveretur pupilla oculi eius fame, haec filia regis quam videtis
nunc caecam, ascendit in tectum cum pane puro ut mitteret in illum
locum ubi erat ista filia, dicens in corde suo : Bonum mihi et ut non inveniat me pater meus in tecto et ut non moriamur ambae nos. Vidi
enim illam mori fame. Et quando ibat ut nutriret eam, veni ego mala   20
ira et volavi [2] in faciem eius et evulsi oculos eius et vertens me ut sub-
ducerem me, insiliit in faciem meam lumen et obcaecavit me * et facta   * p. 65
sum proiecta inter ramos usque ad hanc diem quae data est mihi apud
vos in oratione, tunc veni huc. Et dixit ei Petrus : Vere ⌜dico tibi et [3]
decet te caecam esse, quae afflixisti esurientem panem, arcuisti quae   25
tentavit facere eleemosynam. Forsitan tu es ex illis avibus quas dixit
dominus noster : Exivit ut seminaret qui seminat et fuit quod cecidit
in via et venerunt aves coeli et comederunt illud [4]. Et propterea mors
convenit tibi. Et tunc cecidit illa avis ad pedes Petri et mortua est.

112 Et vertit se et dixit ad Parāgmos cui tormentum flagelli eorum   30
qui non [1] vident, et tu noluisti confiteri peccatum tuum, ista vero con-
fessa est, tu vero non confessus es et non in animo habuisti. Sed vade et
sis retributioni tuae. Nam missus sum a Domino ad te. Et vertit se ad pupillam oculi istius et dixit ci : ⌜Quia evanuit lumen e medio saeculo isto
et confunditur qui exierunt e terra ‡ et non possunt exstinguere et quod   35
foris est non exstinxerunt [2]. Et posuit manus suas super oculos eius

110   [1] B dicam vobis — [2] B nam — [3] B puella virgo.
111   [1] B ⌜add. — [2] B magiam exercui — [3] B ⌜om. — [4] *Luc.*, VIII, 5-6.
112   [1] A om. — [2] B ⌜quia evanuit lumen e medio saeculo isto et confunduntur qui

dicens : In nomine domini nostri Iesu Christi, vide. Tunc clamavit illa
⌐filia et ³ populus cum ea dicentes : Vere nemo ⌐surdus sit ⁴ et non datur
medela nisi tantum nomen Christi, filii Domini, quia mihi convenit ut
Absconditus lumen gratificaverit apparens. Et dixit ei Petrus : Tu pu-
5 pilla oculi, et si venissemus et reperissemus te mortuam, sublevassemus
te, ut, quando eximus, invenissemus tibi misericordiam.   * p. 66

113 * Rex autem et qui cum eo ceciderunt ad pedes apostolorum dicentes : ⌐Supplicamus vos ¹, gratiam date nobis ut fiamus ut vos. Et
Petrus iussit afferri sibi aquam et dedit eis aspersionem, praecipiens eis
10 ut custodirent quae dederat illis mandata, dicens : Manete in istis,
quoad venero ad vos intra octo dies. Nam propter illud apparuit nobis
dominus noster, ut decem dies faciam cum populis in Philippos. Sitis
ergo fortes in fide ; nos autem imus Philippos ². Haec dicentes exierunt
ab illis.

15 **114** Et dum ambulabant in via, dixit Paulus Petro : Ubi *est* ille qui
clamabat sub coelo dicens : mitte Paulum ut certem cum eo ? Et dixit
Petrus Paulo : Num contristaris, Paule, eo quod non ¹ venit ad nos ?
⌐Possibile est ² Domino quod ne quidem unus nostrum ³ videt eum
usque ad finem saeculi. Sed sustine, iste quidem non desistit cum omni
20 certamine. Et tunc iverunt et egressi sunt regionem Philippos et praedicaverunt verbum Domini et magnam viam ⁴ urbis aperuit Dominus
subito magna signa fecerunt ⁵, fecerunt caecos videre et paralyticos surgere et surdos audire et leprosos mundari, ita ut tota urbs crederet.

115 Et apostoli dum absconditi erant in urbe Philippos, clamavit
25 satanas, quando vidit ¹ multos ‡ qui crediderunt et non invenit *quomodo* pugnaret cum Paulo ; et surrexit et similem se fecit nauclero ²
regionis Nigrorum et sumpsit secum ³ quatuor daemones et similes eos
fecit * quatuor militibus et ⌐iverunt cum eo ⁴ in regionem Romae et in-   * p. 67
gressi sunt palatium regis. Et dixit ianitori : Dic me ⌐regem *de* Endā ⁵
30 et vult ⌐obviam te venire ⁶. Et cum audivisset Parāgmis ⁷ quod rex
Endā ⁸ erat, tunc surrexit et properavit et exivit. Et quando vidit eum

exierunt postea non possunt exstinguere illud nisi in lampade exstinxerunt et quod foris
est non exstinxerunt et exstinxerunt — ³ A ⌐om. — ⁴ B ⌐tranquillus sit (?).
113   ¹ B ⌐dicite mihi — ² B in viam Philippos.
114   ¹ A om. — ² AB possibile sit (?) — ³ B om. — ⁴ B portam — ⁵ B add. in Philippos
apostoli et.
115   ¹ Hic incipit fragmentum a VAN LANTSCHOOT aethiopice editum, a nobis hic
litera C signatum — ² BC praefecto militum — ³ C om. — ⁴ C ⌐ivit cum illis — ⁵ B ⌐regi,
quia venit rex *de* Endon ; C ⌐regi quia venit rex *de* Andon — ⁶ A ⌐certare tecum — ⁷ C
Pirāgmos (sic ubique scribit C) — ⁸ B Endon ; C Andon

rex Endā [9], cecidit sub pedibus eius plorans. Tunc Parāgmos sublevavit eum dicens : Surge et dic mihi quis tu. Et dixit ei : Ego sum rex Endon[10] et omnium partium Aethiopiae. Et dantur duo homines, ingressi sunt regnum meum, prior Petrus et alter Paulus, ⌐magiam exercentes [11]. Et docuerunt [12] milites meos Deum suum dicentes : Iesus est rex luminis, 5 et insuper ille destruet [13] regna et omnes milites mei crediderunt eis et reliquerunt me solum et cum istis quatuor [14] solis. Et cum audivissem quia venerant in regnum tuum et regionem tuam, veni ut dicam tibi quomodo facta sunt. Nunc ergo, dum [15] sunt tecum, surgamus, occidamus eos. Et si hoc non facis [16], magiam exercebunt et milites tui [17] 10 quoque ibunt a te et manebis solus et quando perges, nullus qui invenietur miles tecum. Et cum audisset haec rex Romae, respexit ⌐in pharetra sua sagittam [18] et dixit regi Endon [19] : Acui et feci in magos hanc rem ; et propterea ⌐venire te faciam [20] intra tres dies et praecedes eos * p. 68 apud me. Nunc autem noli properare ; scio ubi * sunt. Audivi eos di- 15 centes : Ibimus Philippos [21] ad docendum ibi. Nunc autem mittam [22] ad eos et occident eos.

116 Et vocavit Parāgmos decem millia ducentos equitum et [1] ⌐Pergite in regionem Philippos et prehendite [3] ambos magos, Petrum et Paulum et ducite eos ad me et ego occidam eos. Tunc [3] exierunt cum 20 festinatione et circumdederunt omnia moenia urbis. Et cum audivissent homines illius urbis rumorem equorum, exierunt subito foras [4] ex urbe et dixerunt magnales et [5] praepositi eorum : Quid peccavimus in regem et quid fecimus ut cingat urbem magno bello. Tunc dixerunt [6] illis milites : Nolite timere, vivetis ; nam non ad vos misit nos rex, nec ut 25 perdamus urbem vestram, sed misit nos ad ambos magos Petrum et Paulum. Tunc illi seorsim consilia contulerunt inter se dicentes : Vae nobis. Quid est nobis faciendum ? Nam nolumus illos ambos viros tradere, qui fecerunt bona in urbe nostra. Et si tradimus illos, erramus et delinquimus. At ⌐ibimus et dicemus [7] quod non dantur hic magi [8]. Et 30 euntes ad milites dixerunt eis : Non dantur magi in urbe nostra. Et

---

[9] B Endon, C Andon — [10] C Andon — [11] A adorantes (sic) — [12] C docent — [13] C add. omnia — [14] B om. — [15] C om. — [16] C facimus — [17] A nostri — [18] C ⌐in sagittam pharetrae suae — [19] C Andon — [20] B ⌐veni *ego* ; C ⌐venire fecisti — [21] C regionem Philippos — [22] B mitte.

116 [1] Suppleas : dixit illis — [2] C ⌐perrexerunt in regionem Philippos et dixit illis : Prehendite — [3] BC add. cum audivissent — [4] C om. — [5] C add. minores et — [6] C iverunt et dixerunt — [7] BC ⌐eamus et dicamus — [8] B add. in urbe ; C add. in urbe nostra

dixerunt [9] hominibus illius urbis : Nunc ducemus [10] vos ligatos ad regem, si non traditis illos ambos magos.

117 Et rursus reversi sunt homines illius urbis et collocuti sunt [1] :
Quid nobis est faciendum ? Surgamus et intremus [2] ad eos in urbem * et   * p. 69
5 dicamus illis quia Parāgmos rex misit ad eos [3]. Dum ibant in urbem,
obviam venit eis unus homo provectus aetate, qui olim caecus fuerat et
sanatus erat a Petro et Paulo et dixit eis : Vos, homines urbis, coaluis-
tis [4] inter vos ⌐quare ita ? Et dixerunt ei [5] : Quia coarctamur a rege
propter Petrum et Paulum ; vadimus ergo ad eos et consulemus eos [6] :
10 quid vultis ut faciamus ? Et dixit illis ille homo senex : Venite et sequimini me et eamus coram militibus [7] et orabimus ad Dominum, si mise-
reatur nostri, ⌐ut vertat [8] cor militum ; si autem nolunt, surgamus in eos.
At usque quando moriemur, non tradamus apostolos qui fecerunt virtutes magnas. Et ecce dico vobis, si vel rex includeret in igne illos viros,
15 poterunt invocare dominum suum et salvabit eos. Sed patientiam habete ut videant utrum certabimus loco illorum an non certabimus. Tunc
secuta est tota urbs hunc seniorem hominem et verterunt se ad orientem
et oraverunt ut Dominus verteret dorsum militum et abscederent.

118 [LIBER QUINTUS] Et [1] tunc Petrus et Paulus exierunt e civitate et
20 nemo vidit eos et coeperunt ⌐stare coram populo et oraverunt propter
fidem militum [2]. Et dum orabant verterunt se equi * militum ad orientem   * p. 70
ubi Petrus et Paulus orabant et erexerunt aures suas et clamaverunt
voce tenui sicut qui flet. Milites autem defatigati sunt percutientes
rostra equorum et non potuerunt vertere eos retro dum cum populo
25 adorabant in genibus suis ; et illi decem millia ducenti equi adorabant
in genibus suis et insuper quando surrexerunt illi homines [3], surgebant
equi quoque et quando voluit quis militum vertere equum suum, non
audiebat eum.

119 Et unus equorum qui magnus *erat* qui Lēgiyon [1] levavit vocem
30 suam ut homo et locutus est et dixit : Stulti, nunc intelliget cor ves-

---

[9] C add. milites — [10] BC sumemus et ducemus.

117   [1] C add. inter se — [2] C revertamur — [3] C nos — [4] B sequimini ; C secuti estis
— [5] C ⌐ita quare sequimini quando locuti sunt vobis. Et dixerunt — [6] C add. et dicemus
eis — [7] C apostolis — [8] C ⌐om.

118   [1] A In margine supra : Die 22 Lectio — [2] B ⌐stare coram populo et oraverunt
coram militibus propter fidem eorum ; C ⌐orare stantes coram populis et orabant propter
fidem militum — [3] C om.

119   [1] B Lēgyon ; C Lēgēwon

trum. Dico decem millibus ducentis militibus Parāgmos regis Romae, qui misit huc ad Petrum et Paulum, ad ambos milites Christi et dicitis eos magos : non sunt homines magiae, at venerunt ut destruant omnes magos et omne opus diaboli. Nonne videtis vos et nonne intelligitis quae facta sunt. Et si videretis oculis eorum [2], videretis Petrum et 5 Paulum stantes in medio vestrum cum rege suo Iesu, dum insident [3] equo albo et rogant pro vobis [4]. Nonne vidistis ⌜signum eius quod factum est [5] propter vos. Nam animalia, ⌜quae circum nos sunt [6], quando viderunt Petrum et Paulum adorantes in genibus suis et in pedibus suis magnum regem propter vos, neque illi neque vos potuistis vertere [7], 10 quin adoraremus in genibus nostris cum illis, dum agebant ordine eorum. Ecce quidem stant in medio vestri et scribunt nomina vestra in libro vitae, signum accipiunt a rege suo Iesu, ut milites fiatis illi, quia paraverunt [8] *quod* ascendent in regnum ipsius.

* p. 71 **120** * Et haec dicente equo, ascendit Iesus in coelum in magno lumine 15 dicens, omnibus audientibus : ⌜Nolite negligere [1] plantam novam meam. Nam [2] levaverant oculos suos ab hominibus usque ad animalia et viderunt Salvatorem ascendentem in coelum. Et iterum quando viderunt eum, clamaverunt ⌜magna voce [3] illi duodecim millia ducenti milites dicentes : Supplicamus vos, Petre et Paule, milites [4] qui non destruetur 20 regis vestri, revelate nobis quoque facta eius ut veniamus in bonum. Tunc manifestati sunt illis et supplicaverunt eos ut fierent milites sicut ipsi. Et dixerunt illis : Nemo potest miles fieri regis nostri cum talibus equis et scuto et gladio et sagitta. Sed equus noster spiritus [5] et ⌜qui servit nobis [6] ubi volumus ire spiritu suo; scutum quoque noster est 25 oratio et ⌜sagitta deinde nostra [7] potens verbum eius et gladius noster duplicis aciei est fides et opera. Vos autem, homines saeculi, quomodo poteritis milites fieri Iesu, si non prius haec reliquistis? Et tunc dixerunt milites : Ibimus et relinquemus haec a nobis, sed milites erimus vobis. Et dixit [8] Petrus : Non ita ut vos dicitis. At surgite, eamus ad 30 regem et reddamus ei arma [9] eius et equos eius et omnia sua; nos etiam veniemus in urbem et faciemus vos discipulos nostros in loco [10]. Sed abhinc ⌜dico vobis [11] ⌜priusquam eatis, quod nihil fiet vobis [12], ut credatis abundanter, quia docuimus vos antequam fiet vobis, quia, si non

---

[2] BC vestris — [3] C insidet — [4] B illis — [5] BC ⌜signa eius quae facta sunt — [6] C ⌜quae caudam habent — [7] BC add. nos — [8] BC paravit.

120 [1] C ⌜ut visitarent — [2] BC add. omnes — [3] C ⌜magno ore — [4] A om. — [5] BC add. eius — [6] C ⌜om. — [7] BC ⌜sagittae quoque nostrae — [8] C add. eis — [9] C add. omnia — [10] C illo loco — [11] BC om. — [12] C ⌜sed non faciemus vos abhinc, antequam imus

restitueritis arma eius, irascetur vobis inde et iubebit * coniciant vos in   * p. 72
carcerem. Sed non ⌈commoveatur cor vestrum ¹³, quia ⌈potens est rex
vestur ¹⁴ et veniet et salvabit vos, quoniam gloria Iesu est vobiscum.

121 Et conscenderunt equos suos et iverunt et venerunt coram Parāg-
₅ mos rege ¹. Et cum vidisset eos dixit eis : Ubi sunt duo magi propter
quos misi vos, quos vocant Petrum et Paulum. Et dixerunt : Quid fecisti
in eos pro lumine *quod* gratificaverunt filiae tuae vilipendis ² eos, bonum
non faciens in eos; illi autem nihil volunt bonorum a te quae pereunt;
habent vero Iesum, regem suum, qui sedet super eos. Et nos quoque
₁₀ speramus fieri milites Petro et Paulo. Et cum haec dixissent, solverunt
a se loricas suas et proiecerunt ⌈in faciem ³ eius dicentes : Sume tua;
nos autem invenimus regem ⁴ qui melior est te ⁵. Et quando haec audivit, iratus est ira magna et scidit vestimentum suum purpureum dicens :
Vae mihi. Quid faciam? Vera quidem locutus est mihi rex Endān ⁶-
₁₅ ⌈verus est; nam dixit ⁷ : Incantaverunt milites meos, et non est menda-
cium apud eum. Nunc quidem cognovi decem millia ducentos milites
meos; et si volo, occidam vos, quia scio ⁸ quod non dantur *amplius*
⌈validi mei ⁹ inter vos. Et tunc iussit conicere eos in carcerem. Et
iverunt iterum viginti millia quadringenti milites pedites in * regionem   * p. 73
₂₀ Philippos ut cadere facerent urbem in pulverem usque ad fundamenta
eius et adducerent ambos magos ut faceret super eos ¹⁰ quae vellet et
⌈ipsi etiam parati fuerunt ut irent et paravit arma sua in bellum ¹¹.

122 Et cognovit Petrus in spiritu ¹ quod ⌈veniebant ut ² perderent
urbem et dixit Paulo : Frater mi, Paule, surge et eamus ad videndum
₂₅ Parāgmos regem; si enim non imus, mittet et destruet urbem totam
nostri causa. Et dixit illi : Eamus, pater mi Petre. Et cum egressi essent
ex urbe, oraverunt et conscenderunt ambo nubem quae descen-
derat super ipsos ⌈et ad ipsos ³; nam audiebat eos sicut servus audit
dominum suum, quia Salvator ⁴ subiecerat illis omnem creaturam; et
₃₀ venire fecit eos nubes ⌈et deposuit eos ⁵ in medio palatio regis coram
rege coram omnibus qui stabant coram eo. Et dixit ei Petrus : Parāgmos,

---

¹³ C ⌈praevalebit in vos *in* cor vestrum — ¹⁴ B ⌈est rex vobis.
    121 ¹ BC add. suo — ² B quam vilipendis; C non sicut vilipendis — ³ C ⌈coram facie
— ⁴ B om.; C add. nostrum — ⁵ C om. — ⁶ B Endon; C Andon — ⁷ C ⌈et quod dixit verum
est — ⁸ A om. — ⁹ C ⌈virtus mea — ¹⁰ BC vos (sic) — ¹¹ B ⌈ipse quoque fuit paratus ut
iret et paravit arma sua in bellum; C ⌈ipse quoque paratus fuit ut iret [quae sequuntur
homeographia corrupta sunt].
    122 ¹ B add. suo — ² B ⌈om. — ³ BC ⌈om. — ⁴ C add. dominus — ⁵ B ⌈om.

recedat ira tua post se; ne perdideris urbem nostri causa, quia ecce coram te nos.

123 Et tunc iussit rex *ut* recederent milites et dixit eis : Vosne Petrus et Paulus, ambo magi ? Et dixerunt ei : Nos sumus; magi autem non sumus, sed venimus ut destruamus magos *et* ⌐quod durum est peccatum [5] animae tuae [1]. Et dixit eis : Ego vero peccatum vestrum venire faciam *p. 74* super vos. Et tunc iussit duas galeas * ferreas ‡ facerent in quibus clavi et implerent eas veneficio glutinoso et calefacerent illud et imponerent eas in capite eorum, unam Petro, alteram Paulo, et suspenderent illos *capite* deorsum. Et dixit Petro : Princeps magorum, adiuvet vos ⌐prin- [10] ceps vester et [2] rex vester et veniat et eripiat vos e manu mea.

124 Tunc passus est Paulus multum, quia ultimus erat inter apostolos ⌐quando passus est [1]. Et dixit ei Paulus : O pater mi Petre, clama ad regem nostrum ut veniat et salvet nos. Et dixit ei Petrus : Scio quia pateris. Sustine paulisper, frater mi Paule, et ⌐revelabitur gloria [2] Do- [15] mini. Nam bona est patientia, quia in medio nostri [3] est dominus noster ut adiuvet nos. Et vertit se Petrus et dixit ei : Parāgmos, rex Romae qui destruetur, nos quidem invenimur in hoc cruciatu, et clamamus ad regem nostrum et veniet et salvabit nos. Et si datur *quis* ex militibus tuis qui affligatur ⌐in certamine [4] et vociferetur ad te dicens : adiuva [20] me, num potes tu salvare eum ? Et his dictis Petrus oravit suspensus *capite* deorsum et dixit [5] : Domine ‡, ⌐verbo oris tui et suspendisti [6] terram et montes mandato tuo et reliquisti *id* quod pulsat [7] ‡ in abysso; ⌐haec fecisti solus [8] ‡, arborem quae in paradiso et paradisum in arbore, *p. 75* qui es cum Patre et Pater quoque cum te, lumen * de lumine, puteus [25] fluminibus vitae, sapientia quae abscondita [9] in te est, audi servum tuum et veniens ostende gloriam tuam.

125 Et his dictis, tandem quando siluit, ipse Parāgmos rex suspensus est deorsum in nube, ipse et maiores domus eius et omnes qui stabant coram eo suspensi sunt, dum ⌐nemo videbat [1] qui suspendebat eos [30] nec qui tenebat eos. Et tunc flevit Parāgmos rex et clamavit dicens : domine mi Petre, clama pro me et salva me ex hoc magno cruciatu, nam

---

123 [1] C ⌐quod duram reddit animam tuam peccatum — [2] C ⌐om.

124 [1] B ⌐et numquam passus erat flagello et Petrus non passus est; C ⌐et numquam passus erat flagello et Petrus passus erat — [2] C ⌐revelabis gloriam — [3] C add. nunc — [4] A ⌐voce (sic) — [5] AB om. — [6] B ⌐qui suspendisti verbo oris tui et suspendisti; C ⌐qui suspendisti coelum verbo oris tui et suspendisti — [7] B festinat — [8] BC ⌐quae tu fecisti solus — [9] C in abscondito.

125 [1] C ⌐non viderunt

ex nunc non ero infidelis. Sed non inveniet requiem rex Andon et pereat
regnum eius, quia ille depravavit cor meum adversum vos ⌐verbis malis².
Supplico vos, facite mihi quod descendam et ut servus serviam vobis. Et
dixit Petrus : Vivus Dominus dominus meus, quia non descendes ab
5 illa cruce, nisi prius miseris in carcerem et venire feceris viginti millia
ducentos dicens, o Parāgmos, rex Romae : Nemo solvet eos ³ ; tu enim
es qui iecisti eos ⁴ in carcerem, et nemo datur qui solvet eos ⁵. Et vertit
se rex ad filiam suam et locutus est illi omnia haec dicens : Vae, vae,
filia mea, vade festinans et educ eos sicut iusserunt ⁶ apostoli, sed noli
10 tarda esse ut non moriar in hac cruce et infidelitate mea ; et scio quidem,
⌐filia mea ⁷, * quod mortui sunt multi in hoc nomine ⁸ suspensi. Et dixit   * p. 76
ei Petrus : Etiamsi mansisses hic per decem annos suspensus, non more-
res, quia suspensus es mandato Domini ‡ ; nam ⌐fuerunt foris in hac
gehenna a septima generatione super terram ⁹ et non perierunt ¹⁰, quia
15 a Domino fuerunt.

126 Et illa filia aperuit carcerem ¹ et adduxit eos, sicut mandaverant
ipsi ; ipsa enim sola remanserat nec suspensa erat. Et ⌐venientibus illis ²
dixit rex : O Petre, ecce solverunt ³ eos et fac mihi quoque quod descendam. Et dixit ei Petrus : Vivus Dominus dominus meus, sicut iurga-
20 tus es ore tuo contra illos apostolos, si non sumis calamum et atramentum et scribis dicens quod non datur alius Deus et dominus nisi solus
Iesus, quoniam ⁴ rex est toti saeculo, et dicens ita ⁵ : quod ego sum super
thronum impurum et praecipies ut legant illud in medio urbis. Tunc
iussit rex ut afferrent sibi atramentum et calamum et chartam et
25 scripsit, suspensus *capite* deorsum dicens : Non datur ⌐Deus et dominus ⁶
nisi Iesus, rex est toti saeculo ; ego vero rex, qui super ⌐lignum quod
auro et argento impurum *est* ⁷. Et Iesus rex est toti saeculo, qui iudicabit
corpus et animam et spiritum. Et tulerunt illud scriptum in * mediam   * p. 77
urbem et quando legerunt illud descendere eum fecerunt. Tunc ⌐cucurrit
30 cum ⁸ illis qui cum eo *erant* et euntes ceciderunt sub pedibus eorum
dicentes : Nolite irasci nobis ⁹ propter quod fecimus malum contra vos

---

² BC ⌐maledictus sit omnis homo qui loquitur male in vos — ³ B vos — ⁴ B vos — ⁵ B
vos — ⁶ B dixerunt — ⁷ C ⌐om. — ⁸ BC ut — ⁹ B ⌐fuerunt in hac gehenna foris ex
hominibus generationis super terram ; C ⌐fuerunt foris in hac gehenna ex hoc homines
generatio et super terram — ¹⁰ C pereunt.

126 ¹ C ianuam carceris — ² A ⌐venit ; C ⌐veniens (illa) — ³ B solvite — ⁴ B add.
Iesus — ⁵ BC om. — ⁶ B ⌐alius dominus — ⁷ B ⌐sedem ligneam auro et argento impuram
et Iesus rex est toti saeculo, qui iudicabit corpus et animam et spiritum ; C ⌐lignum quod
auro et argentum impurum nomen (?). — ⁸ B ⌐om. — ⁹ B mihi.

et iratus sum vobis; sed ignoscite et insaniae nostrae ignoscite quae contigit nobis usque ad hanc horam. Et permansit deleniens eos et introduxit eos in structuram novae turris.

127 Illos autem viginti millia ducentos milites ⌐baptizavit et dedit [1] eis statutum verborum e Lege et illis qui maximi erant eorum, ⌐ordina- 5 tionem sacerdotum [2]. Et exierunt et iverunt regionem Philippos ad visitandum quae ibi erant plantas novas; nam reliquerant eas commotas. Et dixerunt regi et illis qui cum eo : Ecce ergo intellexistis quod non datur rex nisi Iesus. Manete inde in lege eius, ut, quando veneritis in illam magnam diem tormenti et clamaveritis ad eum, salvet vos. Ecce 10 ergo nos imus in Philippos ut visitemus qui ibi fratres nostros. Forsitan proximis diebus, si Dominus vult, revertemur ad vos et visitabimus vos. Etenim pacem dantes exierunt.

128 Et exivit iterum diabolus cum eis et ⌐insecutus est apostolos [1], speciem sumens principis Aethiopiae et clamavit dicens : Patres mei 15 Petre et Paule, sistite mihi ut loquar vobis quod missus sum ad vos. Et * p. 78 ⌐se vertens [2], venit coram eis et sedit, hominis speciem * gerens, et dixit illis : domini mei [3], tolerate me paulisper quiescam et dicam vobis quae nuntiaverunt ut dem. Unde invenimus illum quem dicunt Parāgmos ? Quis denuo seduxit cor eius contra vos, quia haec rursus loquitur [4] quod 20 magi estis. ⌐Ecce quidem non estis magi [5]. Venite ergo mecum per decem dies, quoad revelabuntur opera vestra. Nolite inde respicere, ⌐apostoli Domini [6], et nolite videre me nudum et nolite dicere : non erubescit hic homo. Non sum quidem qui non erubescit, sed erubesco quod haec [7] loquor vobiscum. Sed quid faciam ? Nam, quando exivistis, incrassa- 25 tum est cor eius et dixit mihi : Scio [8] quidem quod levis est ⌐pes tuus [9] et si curris ⌐ut equus praevenies [10]. Et vocavit me et dixit mihi : Si [11] insequeris illos ambos viros et adducis eos ad me, te inveniam ⌐et ego quoque inveniam vos [12]. Exivi tristis *ut* tristis insequar vos; dico vobis : ⌐vestis *est* gravis; loricam reliqui et vestes meas abieci [13]; nam dixi in 30 corde meo : Melius est mihi quam ut moriar in manu Parāgmos. Et

---

127 [1] B ⌐baptizaverunt et dederunt — [2] B ⌐ordinaverunt sacerdotes; C⌐ ordinavit sacerdotes.

128 [1] C ⌐locutus est apostolis — [2] BC ⌐se vertentibus illis — [3] B add. supplico vos — [4] B loquuntur — [5] B ⌐om. — [6] AC ⌐apostoli apud Dominum — [7] BC add. omnia — [8] C scito — [9] C ⌐loquar tibi — [10] B ⌐cum equo praevenies; C ⌐plus quam equus praevenies — [11] B add. non — [12] B ⌐om. — [13] C ⌐corde gravi, loricam reliqui et vestes meas abieci; B ⌐dicens (ille) vestimentum grave loricam et reliqui et vestes meas abieci

eapropter videtis me nudum. Et si vos facitis mihi * bona, venite ⌐apud   * p. 79
me [14], ne vestri causa occidant [15] me.

129 Tunc intellexit Petrus in spiritu suo [1] quia erat diabolus et delineavit in terra signum et stetit super illud et dixit : Vivus Dominus,
5 ⌐dominus meus Iesus Christus [2], qui ⌐maledixit te in operibus tuis et
delineavit medium tuum [3] ‡ et fecit te in derisum, quod non trans-
grederis hoc ubi delineavi, si non manifestas te quis es. Et tunc insiluit
in Paulum, volens eum confodere. Et Paulus timuit et cucurrit et amplexus est Petrum [4]. Et dixit illi Petrus : Ne timeas, frater mi Paule,
10 quia ego sum tecum ad pugnandum. At tu, prehende unum cornuum ‡
eius et ego alterum et gloria [5] manifestabitur ⌐et revelatio crucis [6] ‡.
Et quando prehenderunt eum ut tenerent ut facerent illud [7], tunc
adiuravit eos dicens : Adiuro vos per Iesum regem [8] vestrum, adiuro
vos per dexteram Patris, quae est Filius, adiuro vos per rorem coeli et
15 per extensionem terrae cum fructu suo, adiuro vos per eum qui dedit
vobis coronam in terra hereditatis, ut non perdatis me antequam veniunt
dies mei. Sed date mihi viam qua exeam ex hoc signo et ex nunc non
debellabo vos. Ecce confido vobis. Et ⌐posuit digitum manus suae [9] qui
minimus super alium qui maximus dicens : Ecce * signum meum reve-   * p. 80
20 lavi vobis quod non valeo cum vobis ; sed sinite me. Et tunc dederunt
ei signum [10] ut exiret ex illo signo. Et deinde iverunt Petrus et Paulus
urbem Philippos.

130 Venit iterum ille [1] diabolus et vocavit Petrum dicens : Petre et
Paule, ambo seductores [2], aspicite me ergo. Numquid videtur vobis
25 quod timeo certare vobiscum ? Iuravi ⌐ad Teṭrākos [3] ‡, qui mecum est
angelus tormenti, quod non quiescam pugnare vobiscum et cum illis qui
similes sunt vobis usque ad completionem saeculi [4]. Et dixit ei Petrus :
Antea venisti ad nos et confusus es ; nunc autem rursus venisti ad nos
et cadere te fecit Dominus sub pedibus nostris. ⌐Vade ergo et nunc [5] in
30 nomine Christi. Et cum pertransisset, intraverunt ipsi quoque in Philippos et visitaverunt plantas novas.

131 Tunc locutus est eis Dominus dicens : Prima luce egredimini

---

[14] B ⌐om. — [15] B occidat.

129 [1] C om. — [2] B ⌐om. — [3] B ⌐maledixit et illaqueavit te et delineavit te in operibus
tuis ; C ⌐qui maledicit te in operibus tuis et delineavit medium tuum — [4] B om. — [5] C add.
Domini — [6] ABC ⌐sed revelavit crux (?) — [7] BC ⌐ut scinderent eum in duas *partes* ut facerent illud — [8] B dominum — [9] B ⌐pono digitum manus meae — [10] BC om.

130 [1] B om. — [2] B magi — [3] B om ; C Taṭrākos — [4] B dierum — [5] B ⌐om.

⌐foras e porta urbis [1]. Et apostoli ergo benedixerunt eos a minimis
eorum ad maximos eorum. Et quando illuxit, exierunt et mane surrexerunt foras et ecce equi qui *erant* ut ignis exierunt ab oriente ligati ad currum igneum et sumpserunt Petrum et Paulum et volaverunt in nube. Et
populus ⌐stetit aspiciens [2] et clamaverunt dicentes : Benedicimus vos 5
* p. 81 et benedicimus locum in quem itis. Et Petrus locutus est eis * ex supra
nube ignea [3] : Et vos quoque, si servaveritis mandata ⌐quae dedimus
vobis [4] et manseritis in puritate, quando exibitis [5], exibunt aquilae
luminosae et sument vos in alis suis et ascendere vos facient sicut hoc ut
currum igneum. Et haec dicentes disparuerunt in alto et non vidit eos 10
deinde populus [6], sed reversi sunt et venerunt in urbem, laudantes et
cantantes gloriosum [7].

132 Et nos ergo apostoli venimus in paradisum apud socios nostros
apostolos et salutavimus eos, narrantes eis omnia quae acciderant nobis.
Et deinde dominus noster ⌐duxit nos [1] in flumen album et lavavit nos 15
cum Maria et assumpsit nos in septimum coelum, ubi sedet Dominus.
Et voluimus ingredi ad eum ut salutaremus eum et timuimus, quia
totus ignis. Et vidimus e contra duo seraphim stabant, unusquisque
habens sex [2] alas; et duabus tegebant facies suas et duabus volabant.
Non faciem Domini tegebant, quia totus perfectus; nam non possunt 20
videre faciem Domini, quia totus ignis. Et aliae duae *alae* seraphim
faciem amborum tegebant. Et duabus suspendebant pedes Domini ne
se imprimerent *in* altis et *in* terra; nam ea hora, quando tetigerint pedes
eius terram, tempus *est* consummationis saeculi. Quia adhuc parum [3],
tangent terram, quoniam a [4] duodecim diebus [5] venit in duodecimam ‡ 25
propemodum.

133 ⌐Salvator noster, festinavit, suadens ut omnia ostendant vobis,
* p. 82 * ut venerimus ut omnia praedicemus, dicentes quia ante scientiam est
Dominus [1] ‡. Nos autem non [2] potuimus introire ad Patrem, nisi qui

---

131 [1] B add. et illuc mittite populum et dicite illis quia cras abibimus : vadite ergo
summo mane et egredimine foras ex via urbis; C add. et illuc mittite populum. Et illico
surrexerunt et placarunt populum et locuti sunt illis dicentes : cras abibimus; ergo summo
mane egredimini foras e porta urbis — [2] B ⌐aspexit stans — [3] BC add. miramini quod
ascendimus in curru igneo; — [4] B ⌐om. — [5] BC add. e corpore vestro — [6] A om. — [7] BC
add. omni gloria.

132 [1] A om. — [2] A duas. *Is.*, VI, 2. — [3] B add. pedes eius — [4] B om. — [5] B horis.

133 [1] B ⌐quia Salvator noster miratus festinavit ut omnia ostenderet vobis, quando
venimus omnia praedicabimus dicentes quia initium scientiae est Dominus; C ⌐si Salvator
festinavit, volens ut omnia ostenderet vobis, ut venimus ad omnia praedicanda dicentes
quia ante scientiam est Dominus. — [2] Hic desinit fragmentum a Van Lantschoot editum

locutus est cum alio seraphim cui quatuor ³ alae qui apparuit nobis a
Salvatore nostro dicente : Hic quidem est qui convenit iustis in diebus
regni sui et ⸢teget vos alis suis et congregabit ⁴ vos ad se. Et voluimus
adorare et amplecti eum et non permisit nobis ⁵ dicens : Difficile ⁶ est
5 nunc ; adhuc manete et amplectimini manus meas, quia qui amplexus
est corpus meum non moritur. Maria vero, quoniam exivit cum ⁷ corpore
suo, amplexa est eum. Et vidimus dominum nostrum Iesum Christum
et Mariam sedentem ad dexteram Domini et videbat *illa* signum omne
quod est in latere eius et signum quod in manibus eius, quae in omnibus
10 diebus quando ⸢fuimus cum eo ⁸.

134 Et Petrus interrogavit dominum nostrum dicens : Hoc est enim
mirum et simile est corpori et spiritui. Et dixit ¹ Petrus : Nonne sanatum
est tibi vulnus ⸢illius lanceae et perfossio gladii, nonne potuistis sanare
ea ? Quoad haec docueris nos et notum feceris non quiescam. Et dixit
15 nobis : Usque ad dies iudicii *in* quibus arguet filios ² Israel, si dantur
qui velint negare haec signa videbunt ³, quia * voluit *ut* ⸢mitteret filium   * 83 p.
suum omni tempore ⁴. Et si dantur qui velint insurgere in eum homines
urbis et percutere eum et rescindere vestem eius purpuream, ostendet
ille Filius Patri suo et custodiet illud. Et in illis diebus, quando vult rex
20 gratificari ⁵ illa delectamenta omnibus urbibus, tunc iubebit ut nihil
dent illi urbi. ⸢Et homines illius urbis ⁶ loquentur dicentes : Quare nobis
non invenimus delectamenta ? Respondebit dicens : Quare vos insur-
rexistis contra Filium meum. Tunc negabunt dicentes : Non insurrexi-
mus in eum et non cognoscimus eum. Tunc iubebit Pater eius afferri
25 vestimentum eius purpureum et ostendet Filius Patri suo signum rebel-
lionis eorum. Ita ergo fiet filiis Israel.

135 Et post haec verba vertit dominus noster faciem suam ad seraphim cui duae alae et innuit ei ; et duo ¹ verba reliquit seraphim quae
nemo potest scire. Et tunc venit numerosa congregatio angelorum cum
30 strato ² puro et adornato et non erat terminus gloriae eius. Et myriades
angelorum circa illum, unusquisque in throno suo. Et tunc dixerunt
nobis : Ite in terram et praedicate quaecumque vidistis ³. Et attulerunt
alium thronum pro Maria et erant circa illam decem millia angelorum

---

³ B ⸢sex — ⁴ B ⸢tegent vos alis suis et congregabunt — ⁵ B mihi — ⁶ B benedictum
(sic) — ⁷ B ex — ⁸ B ⸢fuit nobiscum.

134 ¹ B add. ei — ² B ⸢vulnus omnium et perfossio gladii, quia hoc doces nos nonne
potes et notum facis hoc signum non quiescam inde, usque in dies iudicii *in* quibus arguet
filios — ³ B ostendet — ⁴ B ⸢ut serviat filium suum omnis terra — ⁵ A om. — ⁶ A ⸢om.

135 ¹ B tria — ² B throno — ³ B add. locum ubi mansistis

et tres virgines. Et sedit *illa* [4] et ivit in paradisum et in tertio coelo steterunt ibi dum cantabant.

136 Nos autem descendere fecit Michael ut habitaremus in terra. Et
vidimus ⌐alia miranda [1], quia virtutem omnium vidimus; et solem etiam *
et lumen eius vidimus, aquilae dum circumdant illum et portant illum 5
solem. Et lumen ⌐eius apparet in medio illarum aquilarum, ita ut [2] nos
interrogaverimus Michaelem et dicebamus ei : Quomodo differens est
lumen solis hic et aliud apparet super terram? Et docuit nos dicens: Super creaturam omnem lumen est. Et quando factum est primum peccatum, dum effusus est sanguis super terram, relicta est ex eo septima 10
pars luminis solis [3]. Et propterea manent hic [4] aquilae circum lumen ad
partem eius. Et vidimus etiam virtutes stellarum; et quando vidimus
haec magna miranda [5], venimus cum Michaele in Montem [6] Olivarum
coniunctim mandato domini nostri, cui laus et fortitudo [7] in saeculum
saeculi. Amen.   15

* p. 84

---

[4] B add. super illum.

  · **136** [1] A ⌐alium thronum; B ⌐alia — [2] B ⌐solis apparet et lumen eius in medio illarum
aquilarum, quia — [3] B add. et minutus est et mutatus est — [4] B illae — [5] A thronum · ‑
[6] B terram in Montem — [7] B add. et virtus.

II

IOANNIS APOSTOLI BREVIOR NARRATIO

* Manifestatio. ⌐Quae leguntur die 21 Ṭer ¹.

1 In nomine Patris et Filii et Spiritus Sancti, unius Dei. Christus
Deus meus et spes mea et domina mea Maria oret pro me. Haec est
5 narratio dominae nostrae sanctae et purae Mariae, matris luminis et
gratiae, genetricis Domini nostri et Salvatoris nostri Iesu Christi et
quomodo transtulit eam ex hoc saeculo transienti in vitam aeternam
quae non transit neque perit. Oratio eius et deprecatio eius sit cum rege
nostro (*nomen erasum*) in saeculum saeculi. Amen.
10 **2** Narravit nobis pater noster sanctus Ioannes, quem sumpsit ad se
post ascensionem Domini nostri et Salvatoris nostri Iesu Christi in
coelos, qui locutus est de divinitate, unus e discipulis Domini nostri
Iesu Christi qui praedicaverunt ¹ Evangelium in toto mundo, quia domina nostra ⌐sancta et pura ² mansit non intermittens ire ad sepulchrum
15 Domini nostri ⌐et Dei nostri et Salvatoris nostri ³ Iesu Christi et ibi orabat et laudabat Christum.
3 Et deinde ivit secundum consuetudinem suam et venit illuc. Et
quando voluit Christus transferre eam ex hoc mundo transeunti, extendit manus suas ad Filium suum et Deum et rogavit eum ut sumeret
20 spiritum ipsius ad se. Et fuerunt ex Iudaeis qui videbant eam semper
venientem ad sepulchrum et multiplicantem orationem ibi et intravit
satanas in eos. Et propterea iverunt ad summos sacerdotes et narraverunt illis quaecumque faciebat sancta mater Domini nostri. Etenim
summi sacerdotes posuerant custodes ad sepulchrum * et mandaverant
25 eis ut impedirent eos qui volebant intrare ad sepulchrum ut orarent.
Et deinde miserunt summi sacerdotes ad custodes et exploraverunt eos
hac de re. Et negaverunt illi custodes et iuraverunt quia nemo omnino
transierat ut intraret ad sepulchrum; Dominus enim noster Iesus Christus velaverat oculos eorum ne viderent sanctam et puram orantem et
30 intrantem et egredientem. Et anno 352 Alexandriae et erat secundus
annus post ascensionem Domini nostri in coelum

---

1 ¹ F ⌐manifestatio (omissis diei et mensis nominibus).
2 ¹ EF praedicavit — ² E ⌐pura et sancta — ³ E ⌐et Salvatoris nostri et Dei nostri.

4 Pars 1. et die 28 feria quarta diluculo sumpsit sancta et pura
Maria ignem et incensum et perrexit ad sepulchrum more suo ut oraret
in sepulchro ⌐in Golgotha ¹, timens a Iudaeis. Et veniens fecit incensum
in ore sepulchri sancti, ut consuevit glorificabat et laudabat Christum
et dixit : O Domine meus, magister bone, mitte et sume me ex hoc mun- ₅
do pleno aerumnarum et commotionum. Et illa orante, eadem hora,
apertum est coelum et descendit ad eam Gabriel archangelus et prostravit se coram ea, laetum nuntium attulit ei et dixit ei : Laetare, o plena
gratiae, ecce ascendit oratio tua et venit ad Dominum nostrum Iesum
Christum qui natus est ex te et ecce Dominus audivit orationem tuam ₁₀
tuamque petitionem eo quod voluisti exire ex hoc mundo transeunti in
vitam aeternam.

5 Et cum audivisset illa verba ab angelo, reversa est in Bethlehem.
Et statim congregavit feminas virgines sanctas quae ipsi serviebant
semper et dixit eis : Quia Iudaei ecce custodibus munierunt sepulchrum ₁₅
et timui ne reveletur eis negotium meum nec impediant me euntem
illuc ; et ex nunc manete in pace. Ego enim vado Bethlehem ; et si quae
volunt ire mecum, * veniant. Et responderunt unanimiter et dixerunt :
Omnes nos ibimus tecum quocumque tu vadis, nec separabimus a te
omnibus diebus vitae nostrae. Et statim sumpsit eas et ivit Bethlehem ₂₀
et mansit ibi.

* p. 87

6 Pars 2. Et die quarta aegrotavit. Et locuta est et dixit illis virginibus quae cum ipsa erant ut servirent ei : Afferte mihi thuribulum et
incensum, quia volo orare. Et cum attulissent ei sicut mandaverat ipsis,
iecit incensum in thuribulum et oravit dicens : Domine meus et Deus ₂₅
meus Iesu Christe, qui dignam fecit ancillam suam ut humanam naturam sumeret ex ipsa ad sanctificandos homines et auferendum peccatum mundi, audi mihi orationem meam et recipe petitionem meam hac
hora et adduc mihi Ioannem discipulum tuum, qui praedicavit Evangelium tuum sanctum, ut laetificer aspectu eius. Et similiter mitte mihi ₃₀
omnes discipulos tuos, qui supersunt ex eis necnon qui mortui sunt, ut
videam eos et benedicar ab eis ante exitum meum ex hoc saeculo, quia
tu es Deus vivorum et mortuorum ¹. Ego quidem confido te auditurum
esse mihi orationem meam et daturum mihi quaecumque petivi a te.

7 Et antequam ⌐completa est oratio eius ¹, ecce rapuit me, me ² Ioan- ₃₅
nem, nubes lucida in Spiritu Sancto e regione Ephesiorum et deposuit

4 ¹ E ⌐om.
6 ¹ *Marc.*, XII, 17 ; *Luc.*, XX, 38.
7 ¹ EF ⌐complevit orationem suam — ² F om

me coram sancta et pura Maria. Et ut steti coram ea eamque vidi,
laudavi Christum Dominum nostrum et Deum nostrum et dixi ei :
Laetare, o sancta genitrix Christi Domini nostri. Et locutus est Spiritus
Sanctus per linguam meam et dixi ei : Ecce tu exibis ex hoc saeculo
5 magna cum gloria et multa signa et mirabilia ostendet Christus ⌐super
te ³, ut laudetur nomen eius et * sanctificetur. Et tunc memor fuit sancta * p. 88
eorum quae dixerat ipsi Christus tempore crucifixionis : Mulier, ecce
filius tuus. Et aspexit ⌐et dixit discipulo suo quoque ⁴ : Ecce mater tua ⁵.

8 Pars 3. Et cum audivissent feminae unanimiter fleverunt fletu
10 magno et prostraverunt se. Et deinde dixit mihi pura : Sume thuribulum et incensum, ora et dic : Domine meus et Deus meus Iesu Christe,
operator mirabilium quorum non est numerus, nunc ergo ostende mirabilia tua super genetricem tuam et egredi fac eam ex hoc saeculo transeunti magna cum gloria, sicut dixisti ei, ut timeant et obstupescant qui
15 crucifixerunt te et credant in te. Et feci ut mandaverat mihi mater
luminis et miserationis.

9 Et tunc sumpsit thuribulum e manu mea et ⌐iniecit incensum et
oravit ¹ dicens : Te glorifico, Domine meus et Deus meus Iesu Christe,
ecce ² dedisti mihi sicut dixisti mihi. Nunc quoque ecce recipe me et
20 ascendere fac me in coelos, cum exierit ⌐spiritus meus ³ e corpore meo ;
tu enim dixisti mihi : veniam ad te cum angelis meis, ut sumas spiritum
meum. Et tunc locutus est Spiritus Sanctus per os meum et dixi ei :
Faciet tibi Christus Deus noster ⁴ et filius tuus voluntatem tuam, sicut
locutus est tibi et videbis eum oculis tuis. Et deinde vertit se ad me et
25 dixit mihi : O Ioanne, Iudaei quidem volunt comburere corpus meum
igne, postquam mortua ero. Et dixi ei in Spiritu Sancto : Gaude ⌐et
laetare ⁵, quia non videbit corpus tuum ullam corruptionem et non
appropinquabit ei malum. Et tunc dixit mihi : O Ioanne, mitte incensum in thuribulum et ora in secreto. Et feci ut mandaverat mihi. Et ecce
30 venit vox e coelo ⁶ et audivi eam dicentem : Amen.

10 Ego Ioannes testis sum coram Christo memetipsum audivisse
illam vocem e coelo et dixit mihi Spiritus Sanctus : * O Ioanne, nonne * p. 89
audivisti hanc vocem e coelo, ut perfecisti orationem tuam ? Et dixi ei :
Utique. Et dixit mihi : Haec vox quam audisti, ut congreget discipulos
35 fratres tuos ; et venient omnes angeli et venient hac hora ¹. Etenim

---

³ E ⌐om. — ⁴ F ⌐discipulum suum et dixit ei — ⁵ *Ioa.*, XIX, 26-27.

9 ¹ F ⌐iniecit et oravit super incensum — ² E om. — ³ F ⌐anima mea — ⁴ E tuus —
⁵ EF ⌐om. — ⁶ E add. dicens.

10 ¹ E die.

propter hoc oraveram et petiveram, sicut mandaverat mihi domina mea Maria, mater luminis.

11 Pars 4. Et deinde locutus est Spiritus Sanctus et dixit : Veniant nunc omnes discipuli e finibus terrae, sedentes in nube, in Bethlehem, propter matrem Christi, tu, o Petre a Roma et tu, o Paule ex Abrāqyā ; 5 et tu etiam, Thoma, ex interioribus Indiis ; et Iacob ex Ierusalem et Andreas, frater Petri [1] et Lucas ; necnon qui obdormierunt evigilent in Spiritu Sancto e sepulchris suis et nolite putare venisse tempus resur- rectionis mortuorum ; sed tantum propter sanctam Mariam ⌐matrem luminis [2] evigilate e sepulchris vestris ad salutandam et honorandam 10 eam, quia venit tempus transitus eius in coelum. Et similiter veniat Marcus [3] ex Alexandria cum qui supersunt apostolis.

12 Pars 5. Et illa hora congregavit Spiritus Sanctus omnes apostolos et sederunt super nubem et transtulit eos Bethlehem et narravit eis dicens : quia mater Domini vestri ecce vult videre vos ante exitum suum 15 ex hoc saeculo. Et eodem modo rapti sunt omnes discipuli nube et venerunt cum Petro et steterunt coram matre Domini nostri Iesu Christi et prostraverunt se illi et dixerunt ei : Laetare, o sancta virgo, quia Dominus noster et Deus noster qui natus est ex te, transire te faciet ex hoc mundo magna cum gloria, sicut dixit tibi.   20

* p. 90   **13** Et ut vidit sancta discipulos et audivit verba eorum, * sedit super lectum suum et ait illis : Nunc scio magistrum vestrum et Deum meum Deumque vestrum ecce venturum esse ad me et me eum visurum esse, sicut vidi vosipsos et deinde me transiturum esse ex hoc saeculo. At- tamen volo a vobis ut narretis mihi quomodo cognovistis transitum 25 meum ex hoc saeculo et quomodo convenistis ad me ; nam Deus meus non abscondet hoc a me.

14 Et dixit illi Petrus et omnes discipuli : Spiritus Sanctus locutus est nobis et iussit nos venire apud te. Et dixit illi Ioannes : Dum eram in templo ut sacrificium offerrem Ephesi, dixit mihi Spiritus Sanctus : 30 ecce prope est separatio animae a corpore matris Domini tui ; vade festinans Bethlehem ut salutes eam et rapuit me nubes lucida et trans- tulit me hunc in locum.

15 Ait Petrus : Dum eram ego in urbe Roma tempore diluculi audivi Spiritum Sanctum dicentem mihi : ecce matris Domini tui venit tempus 35 transitus ex hoc saeculo ; vade festinans Bethlehem ad salutandam eam et rapuit me nubes inter coelum et terram et transtulit me huc et vidi

---

11 [1] DE add. et Petrus — [2] E ⌐om. — [3] DF om.

omnes discipulos venientes in nubibus et vocem dicentem : ite omnes vos Bethlehem.

16 Ait Paulus : Ego vero dum eram in longinqua regione a Roma in regione Abrāqyā, audivi Spiritum Sanctum dicentem mihi : ecce mater 5 Domini nostri [1] Iesu Christi [2] in eo est ut exeat ex hoc saeculo et ingrediatur in regnum coelorum; vade ad salutandam eam; et portavit me nubes lucida et venire me fecit huc.

17 Dixit Marcus : Dum eram Alexandriae, postquam absolvi orationem tertiae horae ecce rapuit me Spiritus Sanctus et insidere me 10 fecit nubi et duxit me ad vos.

18 * Et ait Iacob : Dum eram Hierosolymis, dixit mihi Spiritus Sanc-   * p. 91 tus similem sermonem et nubes rapuit me et deposuit me hic.

19 Ait Matthaeus : Dico [1], dum eram in nave magno cum metu propter multitudinem undarum et fluctuum maris vehementis rapuit 15 me nubes e medio fluctuum [2] et posuit me apud vos.

20 Discipuli autem qui obdormierant ex hoc saeculo narraverunt quomodo audiverant et evigilaverant e sepulchris suis et quomodo rapti erant in nubibus et venerant ad ipsos.

21 Etiam Bartholomaeus dixit : Dum praedicabam et eram in regi- 20 one dixit mihi Spiritus Sanctus : ecce mater Domini tui [1] transitura est ex hoc saeculo; vade Bethlehem. Et rapuit me nubes et duxit me hunc in locum. Et illi discipuli narraverunt hos sermones sanctae et purae Mariae.

22 Tunc levavit vocem suam mater Domini nostri Iesu Christi et 25 dixit : Adoro et laudo et glorifico nomen tuum sanctum, o Domine meus et Deus meus, quia respexisti humilitatem ancillae tuae et revelasti mihi mirabilia tua, o potens et fortis qui potes omnia; ecce ex nunc quidem beatam me dicent omnes generationes generationum.

23 Pars 6. Et deinde, quando absolverat orationem suam, dixit om- 30 nibus apostolis : Afferte thuribula et incensum et supplicate ad Dominum meum et Deum meum Iesum Christum. Et fecerunt ut mandaverat ipsis.

24 Et dum orabant, audierunt vocem perterrefacientem e coelo tanquam sonitum equis insidentium cum militiis angelorum et archan- 35 gelorum et virtutum et etiam audierunt tanquam vocem filiorum hominum et circumdederunt cherubim illam domum in qua erat domina

---

16   [1] E tui — [2] E om.
19   [1] F om. — [2] E maris.
21   [1] E vestri

nostra cum discipulis. Et manifestatum est illud miraculum omnibus
* p. 92 * qui erant Bethlehem [1] et illis qui erant Hierosolymis et nuntiaverunt
quae viderant. Et audierunt vocem tonitrus et rumorem curruum; atque
super illum locum apparuerunt sol et luna coronantes illam domum cum
multis angelis propter magnitudinem et gloriam sanctae et purae Ma- 5
riae.

25 Praeterea viderunt multa signa et mirabilia, caecos videntes et
claudos ambulantes et leprosi mundabantur a lepra sua et daemoniaci
egrediebantur et omnes quibus morbi et affectiones variae qui [1] acce-
debant ad illam domum in qua erat sancta et pura mater Domini nostri 10
Iesu Christi, sanabantur a morbis suis. Et omnes aegrotantes qui
venerant ad illam domum e Bethlehem et locis vicinis eius et terra Juda,
qui habebant morbos varios, ⌐duo milia octingentae [2] animae et clamaverunt dicentes: O sancta Domini Maria [3], miserere nostri,

26 Pars 7. et eadem hora sanabantur a morbis suis. Et ut audierunt 15
homines qui sederunt Hierosolymis illa facta, exierunt ex illis multi,
viri et feminae, ut benedicerentur a sancta et pura Maria, cum vidissent
miracula et mirabilia quae faciebat Christus in Bethlehem propter
Dominam nostram Mariam, genetricem Dei. Et omnes qui habebant
morbos et affectiones veniebant ad sanctam et supplicabant ad eam 20
et sanabantur ab affectionibus suis. Et factum est magnum gaudium et
laetitia ob illos qui sanati sunt a morbis suis; et omnes qui erant ibi
gratias egerunt et benedixerunt Domino [1] nostro Iesu Christo et laudaverunt sanctam virginem et exierunt omnes homines Ierusalem cantantes et psallentes et laudantes Christum in Bethlehem.   25

* p. 93 **27** * Pars 8. Et tunc perterriti sunt sacerdotes Iudaeorum, quando
viderunt gloriam magnam, dum cantabant et psallebant et gaudium
credentium; eapropter irati sunt nimis. Et exierunt ex Iudaeis multi
homines in Bethlehem ut prehenderent discipulos Christi matremque
eius puram. Et cum ambulassent per unam horam apparuit super eos 30
magnum miraculum in via et obscurati sunt oculi eorum et non potuerunt videre Bethlehem et redierunt in urbem suam et narraverunt summis sacerdotibus omnia quae sibi acciderant in via et quomodo non
potuerunt ire Bethlehem.

28 Et quando audierunt summi sacerdotes hunc sermonem, irati sunt 35
valde et iverunt ad iudicem et clamaverunt dicentes: Perierunt omnes

24 [1] E hac in domo
25 [1] E om. — [2] E ⌐duo milia et octo — [3] E om.
26 [1] E ⌐Domino et domino.

Iudaei ob Mariam; nunc ergo rogamus a te ut eam removeas e Bethlehem et ex Hierosolymis. Et miratus est iudex ob illa verba et ait illis :
Nequaquam expellam eam e Bethlehem. Et clamaverunt omnes Iudaei
et iuraverunt per caesarem et dixerunt : Si non eicis Mariam et disci-
5 pulos e Bethlehem, ecce referemus haec verba apud caesarem et narra-
bimus ei omne negotium tuum. Et tunc timuit ab eis et misit principem
cum mille equitibus et praecepit eis ut educerent Mariam necnon discipulos.

29 Et dixit Spiritus Sanctus sanctae Mariae, matri Domini nostri et
10 discipulis : Ecce, missus est ad vos princeps cum mille hominibus ad
expellendos vos e Bethlehem, sicut rogaverunt Iudaei; nunc ergo exite
vos et ne timeatis, quoniam ego rapiam vos in nubibus et ducam vos
Ierusalem. Tunc egressi sunt discipuli, portantes lectum sanctae et
purae Mariae, in quo iacebat viva et rapti sunt in nube et duxit eos
15 Ierusalem, sicut dixerat ipsis Spiritus Sanctus.

30 * Pars 9. Et sederunt illic tres dies orantes et laudantes Christum.   * p. 94
Ille autem princeps qui missus est, venit Bethlehem et non invenit sanctam nec ullum e discipulis. Et tunc prehendit homines Bethlehem et ait
illis : Nonne vos qui venistis ad iudicem ⌐et ad summos sacerdotes [1] et
20 ⌐narrastis eis [2] quae manifestata sunt miracula et mirabilia et quomodo
congregati sunt dicipuli e finibus terrae in Bethlehem ? Ubi sunt nunc ?
Venite ergo ad iudicem et summos sacerdotes et narrate eis quomodo
facta sunt. Princeps autem nescivit venisse discipulos matremque Domini nostri Iesu Christi Ierusalem; et prehendens princeps homines
25 Bethlehem, duxit eos secum ad iudicem illique narravit se ibi neminem
omnino invenisse.

31 Pars 10. Et post quinque dies scivit iudex et summi sacerdotes
matrem Domini nostri Iesu Christi esse in domo sua omnesque discipulos cum illa; et multa signa et mirabilia fiebant per manum eius et
30 multi viri et feminae et virgines erant apud eam [1] et clamabant dicentes : O sancta et pura mater Domini nostri Iesu Christi, noli oblivisci
filiorum hominum.

32 Et eapropter irati sunt magnates Iudaeorum et iudices eorum
eorumque principes cum omni populo suo; et deinde surrexerunt et
35 sumpserunt secum ligna et ignem, volentes comburere domum in qua
erat mater Domini nostri Iesu Christi cum discipulis et angelis et om-

30   [1] E ⌐om. — [2] E ⌐narravi ei; F ⌐narraverunt ei.
31   [1] F ⌐cum ea.

nibus [1] fidelibus. Et stetit iudex a longinquo ad videndum quae fierent. Et cum venissent summi sacerdotes et quidam ex Iudaeis ad portam vestibuli, exivit ignis magna ex illo loco cum angelis et combussit multos ex Iudaeis.

* p. 95 **33** * Et inde intravit magnus timor in homines Hierosolymorum et 5 omnes qui habitabant in eis ex Iudaeis et summis sacerdotibus et iudicibus eorum; et cepit eos tormentum tristitiae; et laudaverunt fideles Christum Deum nostrum qui natus est ex sancta et pura virgine Maria. Et clamavit iudex magna voce dicens : Vere, o Maria, ecce qui natus est ex te filius Dei est eiusque Messias, coram quo peccavimus quemque 10 expulimus et eiecimus e medio nostrum; haec enim signa et mirabilia nemo perficit nisi filius Dei tantum. Et factus est magnus tumultus inter eos et crediderunt multi ex eis in nomine Domini nostri et Salvatoris nostri Iesu Christi.

34 Pars 11. Et deinde, postquam apparuerant illa miracula super 15 Dominam nostram et super discipulos, locutus est Spiritus Sanctus et dixit : Scitote ergo quia die prima nuntiavit Gabriel angelus [1] Mariae sanctae habitaturum esse Christum Verbum Dei super eam et die prima natus est in Bethlehem Iuda; et die prima exierunt seniores et pueri ad obviam eundem Domino nostro et Salvatori nostro Iesu Christo dicentes: 20 Hosanna in excelsis, benedictus qui venit in nomine Dei [2]; et die prima surrexit Dominus noster e mortuis et die prima veniet in nube coeli iudicaturus vivos et mortuos [3]; et die prima veniet propter magnitudinem et gloriam exitus animae sanctae Mariae ex hoc saeculo.

35 Pars 12. Et cum facta esset dies prima dixit sancta Maria discipulis 25 : Mittite incensum in thuribulis, quia Dominus meus Iesus Christus venturus est ad me cum omnibus angelis suis. Et dum colloquebatur cum illis, postquam immiserant incensum, ecce advenit Dominus noster
* p. 96 Iesus Christus et angeli eius cum eo, * sedens super thronum gloriae suae et apparuerunt coram eo angeli quorum non erat numerus. Et apparuit 30 quoque magnum lumen et coronavit sanctam gloria superabundanter in adventu Filii eius eiusque Dei et adoraverunt eam omnes virtutes coelorum.

36 Et venit vox ad sanctam quae dicebat : O Maria. Respondit et dixit : Ecce me. Rursus dixit illi : Gaude et laetare et gaudeat anima 35 tua, quia invenisti apud me magnam gratiam. Vide [1] ergo honorem et

32 [1] E om.

34 [1] E om. — [2] *Matth.*, XXI, 9; *Marc.*, XI, 10 — [3] II *Tim.*, IV, 1.

36 [1] E videte.

gloriam quam dedit mihi Pater meus. Et tunc vidit mater Domini
nostri lumen magnum quod nequit homo enarrare; et deinde dixit ei
illa vox : Ex nunc ergo quiescat corpus tuum in paradiso et spiritus
tuus sanctus in regno coelorum, habitaculo quod plenum gratiae est
5 ubi est gaudium et laetitia. Et ait Domina nostra Maria : Domine meus
et Deus meus, extende dexteram tuam et benedic super me.

37 Pars 13. Et deinde extendit Dominus noster Iesus Christus manum suam fortem super eam et sancta sumpsit manum eius et osculata
est illam et ait : Glorifico hanc dexteram et laudo eam quae obfirmavit
10 coelum et fundavit terram; rogo te, o rex, o fili unigenite, qui fecisti
ancillam tuam dignam ut carnem sumeres ex ea peritia sapientiae tuae
in salutem hominum, ut audias orationem meam et largiaris mihi in
magnitudine misericordiae tuae propter omnes qui supplicant te in
nomine meo, mei ancillae tuae : miserere eorum et propitius esto eis et
15 audi preces eorum eorumque petitiones in omnibus quae petunt a te,
quia omnia possibilia sunt tibi.

38 Et ut audierunt discipuli haec verba a Maria sancta, prostraverunt
se in facie sua sub pedibus eius dicentes : O mater Domini nostri et
Salvatoris nostri Iesu Christi, relinque hoc in mundo benedictionem
20 tuam sanctam antequam [1] exis ex eo. Tunc oravit mater * Domini nostri   * p. 97
┌Iesu Christi [2] et dixit : O Domine, qui dignatus es in multitudine
propitiationis tuae tuaeque miserationis mittere Filium tuum unicum
in corpus meum et fecisti me dignam ut carnem sumeret ex me, ecce ex
nunc quidem miserere operis manuum tuarum et omnis animae quae
25 laudat nomen tuum. Et rursus dixit : Iesu Christe, Fili Domini altis-
simi, qui facis quaecumque vis in coelo necnon in terra, benedic, Domine, illum locum quo fiet festum in nomine meo et recipe orationem
meam et benedic populum tuum et fideles [3] tuos qui offerunt tibi sacrificium in nomine meo.

30 **39** Respondit Dominus noster Iesus Christus et dixit ei : Ecce feci
tibi. Ex nunc ergo laetare, quia omnis gratia et donum datum est tibi
a me et a Patre meo et a Spiritu Sancto et quicumque in mente habet
et invocat nomen tuum non peribit hoc in mundo neque ultra, sed inveniet gratiam apud Patrem meum qui in coelis.

35 **40** Pars 14. Et tunc vertit se Dominus Iesus Christus ad Petrum et
ait illi : Venit tempus. Ergo ecce primum canta et psalle. Et tunc coepit
Petrus cantare et psallere cum angelis. Id temporis ortum est super

38 [1] DE om. — [2] E ┌om. — [3] unctos (?).

faciem sanctae magnum lumen; et levavit manus suas et benedixit
discipulis. Et deinde extendit Dominus noster Iesus Christus manum
suam sanctam et recepit spiritum eius; et subito separata est anima eius
a corpore eius. Et implevit illum locum magnum lumen et exivit odor
suavitatis bonae cui nullus similis. Et venit vox e coelo dicens : Beata ₅
tu, o regina, benedicta inter mulieres.

41 Et tunc prostravit se Petrus cum discipulis sub pedibus sanctae
et osculaverunt eam et benedictionem imploraverunt ab ea. Et posue-
* p. 98 runt eam in lecto eius * et portaverunt discipuli corpus sanctae. Et illis
eam educentibus, venit Iudaeus validus et fortis, cui nomen Tafonyā, ₁₀
ᴿexsiliit et prehendit lectum ¹ sanctae ut impediret illis portare cadaver
eius. Et tunc venit unus angelus et percussit eum gladio igneo et abscidit ambas manus eius. Et elatus est lectus sursum, suspensis manibus
Iudaei ad illum.

42 PARS 15. Et ut viderunt Iudaei illud miraculum quod factum est, ₁₅
clamaverunt et dixerunt : Vere Deus est qui natus est de te, o domina
nostra Maria. Et ivit Tafonyā post lectum, clamavit et dixit : O sancta
Dei, Maria pura, mater Christi, verte te ad me, miserere mei et propitia
esto mihi. Et tunc vertit se Petrus ad illum et dixit illi : In nomine
Domini nostri Iesu Christi Dei nostri, qui natus est ex ea, ambae manus ₂₀
quae abscissae sunt restituantur ut olim. Et cum dixisset Petrus ita,
descenderunt ambae manus eius a lecto et restitutae sunt illae ambae
manus eius, aspicientibus omnibus hominibus. Tunc credidit Tafonyā
et omnes Iudaei qui erant ibi, videntes illud signum quod factum est.
Et deinde sepelierunt discipuli corpus sanctae Mariae in regione cui ₂₅
nomen Gethsemani in novo monumento et laudaverunt Christum et
sederunt ibi per tres dies.

43 PARS 16. Et Thomas, unus e duodecim discipulis ¹, cui nomen
Didymus, non fuit cum discipulis, quando exibat anima Dominae
nostrae Mariae et venit ex India, insidens nubi. Et vidit corpus sanctae ₃₀
Mariae, portantibus angelis in nube et assumentibus eam in coelum.

44 Et tunc, quando advenerat Thomas, dixerunt ei Petrus omnesque
discipuli : Transivit corpus sanctae Mariae ex hoc saeculo. Quomodo
tardius venisti ad funus eius ? Et dixit ei : Non sane mortua est mater
Domini nostri; et nisi videro ego cadaver corporis eius, non credam. ₃₅
* p. 99 Et dixerunt ei * discipuli : Ecce olim dixisti tu, ᴿquando surrexit Chris-

41   ¹ E ᴿexsiliit in lectum.
43   ¹ E apostolis.

tus [1] : Non quidem credam ego, nisi immisero manum meam in latus
eius et digitos meos in clavorum *vulnus* [2] ; et in multitudine ⌜miserationis
Christi [3], ostendit tibi illa et clamasti et dixisti : Domine meus et Deus
meus [4]. Et respondit Thomas et dixit eis : Non tamen credam ego, nisi
5 videro ubi sepelistis corpus sanctae.

45 Tunc surrexit Petrus et omnes discipuli cum eo, aperuerunt sepulchrum et nihil omnino invenierunt in eo. Et respondit Thomas et dixit
eis : Dum praedicabam ego in nomine Christi et baptizabam Philotheum
filium sororis regis, dixit mihi subito Spiritus Sanctus : Surge velociter,
10 o Thomas, saluta corpus sanctae matris Domini tui, et rapuit me nubes
illo ex loco et duxit me huc ; et veniens ad vos, vidi in nubibus corpus
matris Domini nostri Iesu Christi, assumentibus illud angeli in coelum.
Et ut audierunt discipuli verba Thomae, laudaverunt ⌜Dominum nostrum Iesum Christum [1].

15 **46** PARS 17. Et postea, quando congregati sunt discipuli, venerunt
ad eos duodecim nubes et rapuerunt eos in paradisum ad locum ubi erat
corpus [1] sanctae Mariae et viderunt illud oculis suis. Et etiam viderunt
Elisabeth matrem Ioannis Baptistae [2] et Annam matrem sanctae [3] et
Abraham et Isaac et Iacob sanctos patres. David quoque propheta
20 laudabat cum bonis et iustis et adoraverunt super corpus Mariae in
paradiso, glorificabant et sanctum proclamabant Christum qui natus
est ex ea, cuius innumerabilis *est* magnitudo miserationis et propitiationis, quia nemo potest enarrare magnitudinem gloriae eius eiusque
virtutis.

25 **47** * Et deinde laudavimus nos discipuli Dominum nostrum Iesum   * p. 100
Christum qui gratiam dedit nobis atque revelavit nobis illa mirabilia
in transitu corporis sanctae Mariae ex hoc saeculo transeunti in vitam
aeternam et donum gratiae cui nulla finis. Ecce ergo rogemus Dominum
nostrum et Deum nostrum Iesum Christum per orationem sanctae ut
30 tegat nos dextera sua detque nobis virtutem [1] et victoriam hoc in
saeculo, atque illic propitiationem et miserationem. Laudemus ergo
quotidie et ubique ⌜Filium Unigenitum [2] qui natus est e Patre ante

---

44 [1] D ⌜si surgit Christus — [2] *Ioa.*, XX, 25. — [3] E ⌜miserationis suae Christus —
[4] *Ioa.*, XX, 28.
   45 [1] E ⌜Dominum dominum nostrum et matrem eius Mariam.
   46 [1] E add. dominae nostrae — [2] E om. — [3] E add. Mariae.
   47 [1] E donum et virtutem — [2] E ⌜om.

saeculum, et etiam natus est ex Maria sancta ultimis diebus cum Patre et Spiritu Sancto, nunc et semper et in saeculum saeculi. Amen.

48 ⌐Christus Deus meus et spes mea et Domina nostra Maria salus mea roget pro me in saeculum saeculi [1].

48 [1] EF ⌐om.